U0069464

新創浪子救贖自白

走出
慾望矽谷

傑森‧波特諾以 Jason Portnoy ——— 著

陳識仁 ——— 譯

Silicon Valley
Porn Star

A Memoir of Redemption &
Rediscovering the Self

推薦序

「在人生的旅程中，當面對自己的弱點，你是坦然接受，還是極力掩飾？很多時候，我們會選擇隱藏自己的缺點，因為這是一條看似容易的路。然而，若要真正改變，需要的是比逃避更多上百倍、甚至千倍的勇氣與堅持。

誠實面對自己其實相當困難，因為它需要我們與內心的深處的恐懼和不堪直球對決。同時，我也看到擁抱真實自我的回報有多麼巨大。事實上，承認自己的脆弱並非失敗，反而是一種勇敢與負責的表現。這樣的坦承，是成長的起點、是破繭重生的契機，更是與自己和好、與他人重建關係的力量。」

- 鄭博仁 (Matt Cheng)，心元資本 (Cherubic Ventures) 創始執行合夥人

***

「身為一名發展心理學者，我對現在青少男最初的性教育知識大多來自色情媒體感到憂心。性產業利用他們的脆弱，提供他們越來越挑釁、貶低人性的內容。為了要鼓勵男人發揮仁慈並終結性虐待和性暴力，我們必須認清這些色情內容是如何扭曲男孩的思想、態度和行為。傑森勇敢且激勵人心的故事揭發了這些真相。我衷心推薦這本書給所有期許世界變得更公平、更健全的人。」

- 邁克爾·C·萊克特博士 (Michael C. Reichert)，《如何養育男孩：以情感連結的力量打造好男人 How To Raise A Boy: The Power of Connection to Build Good Men》作者

***

「身為男人，我們會不自覺地追求財富、權力和性來撫慰內心的創傷或彌補自己的自卑感。過程中，我們剝奪了自己對愛和心靈連結那深切的渴望，也毀壞了自己的人生。傑森赤裸裸地分享了他自己的旅程以及因為自我剝奪所付出的真正代價，他展現的勇氣既是對男人的啟發，也是一記警鐘。」

- 盧卡斯·克朗普 (Lucas Krump)，EVERYMAN 共同創始人兼執行長

總編輯的話

「Jenny，我已經得到另一個客戶的允許，他願意讓我跟你分享他的故事。你有空聊聊嗎？」

我還記得那天梅麗莎問我的時候，我的好奇心瞬間就被激起。梅麗莎晤談的對象都是矽谷裡菁英中的菁英、大佬中的大佬。她會想介紹誰給我認識呢？我當然說好。

梅麗莎向我介紹 Jason 時開頭講的第一句話就是：「他是一位非常溫暖、善良並且勇敢的人。你們倆的磁場很類似。」哇！這就讓我更好奇了！自認為是怪咖的我，居然有人跟我的磁場相似？由於有過幾年的諮商，梅麗莎很瞭解我的個性，我相信她總是為我著想，所以她想介紹給我認識的人想必一定很有趣。

接下來的五分鐘，梅麗莎以一種疼惜又驕傲的口吻跟我敘述了 Jason 的故事。她告訴我 Jason 在職場上的豐功偉業，他是如何掉入情色漩渦，如何與妻子克服重重困難，以及他又是如何從人生谷底翻山越嶺，一步一步地走出來。「他最近把他的經歷寫成一本書……」她話都還沒說完，我就激動地大喊著：「我來負責書的中文版！」在電話另一頭的梅麗莎大笑了幾聲說：「我就知道你會有這樣反應，所以才希望你們倆能認識認識。」

我在 2018 年認識梅麗莎。我記得第一次找她晤談的那天，我穿著一件沾有橘紅色泡麵湯汁的睡衣，一個人窩在床上，兩隻愛貓像忠心的牧羊犬一樣，踩踏著她們又軟又粉嫩的肉墊，在我的身旁繞著，像是使盡全力地安慰跟保護著我，好讓某種隱形的暗黑能量無法靠近我。這是我第一次（也是最後一次）懷疑我活著是否是多餘的。頭頂上厚重的烏雲，時不時就會砰出閃電，每閃一次，我就被擊倒一次。每一次被擊倒，我就罵自己一次：「你就是沒用！不漂亮！醜八怪！他才會離開你的。沒有人需要你！」

當時一位好姐妹得知我的情況，幾乎是用命令的口吻要求我一定要聯繫她的人生教練 (life coach)。她給了一個我無法拒絕的理由：「你不好起來，你的貓咪誰照顧？」 就這樣，我開始了人生第一次的心靈諮商。往後有好幾年，我從未安排固定時間跟她進行諮商。有時長達半年一年都沒聯絡她。但每次聊，

我都覺得即使全世界都誤會我，至少有梅麗莎這個人知道，其實 Jenny 沒那麼糟。

也就是這份源於對她的信任，在她 2022 年七月向我提起 Jason 時，我便毫不猶豫地舉手願意幫 Jason 在台灣出版他的書。

這十幾個月來，我跟 Jason 幾乎每個禮拜都通電話。一開始都是在講翻譯和出版的事，但很快地，我們的 business calls 就變成了我每週最期待的對話，而他也從「客戶」快速升級到「知心摯友」。我遇到瓶頸時，他會聆聽，輕聲地問我一些能啟發我的問題，讓我自己找答案；我慌張心煩時，他也聆聽，然後和我談論「臣服」的力量；我興奮地跟他分享好消息時，他更是傾聽以及溫柔地提醒我凡事不要太執著。

身為《走出慾望矽谷：新創浪子的救贖自白》的總編輯，我必須很仔細地重複閱讀這本書好幾遍。有一次我又再次讀到他勾搭女員工的故事時，心裡突然冒出了一把熊熊怒火。我好氣他，甚至討厭他。接著我就立刻寫了一封長信給他，告訴他我非常討厭他的行為，一切真的是太噁心了。如果文字也能發出聲音，那封 email 的分貝數一定破表。但我寫完了 email 正要按寄出時，我猶豫了。我自問：「我幹嘛那麼氣憤？我到底在氣誰？我為何對這故事那麼敏感？」

那晚，我坐在電腦前，不停地深呼吸，邀請自己「有話好好說」，先把情緒沉澱下來。在安靜的房間裡，我聽到自己微微的聲音說著：「Jenny，妳氣的不是 Jason，而是所有你認為瞧不起你、不尊重你的人。」我點了點頭。然後這聲音又說：「那，你要選擇繼續憤怒，還是勇敢放下？你很清楚哪個選擇才是對的。哪個選擇才是愛自己。你的生命，你自己選！」

就是那晚，我才發現這本書雖是一位男性在談論自己如何克服性成癮，但書真正目的是要提醒大家一件很重要卻又很常被忽略的事──無論發生什麼或遇到什麼人，你要把自己捧在手裡、放在心上。因為當你是你自己最愛、最疼惜的人時，別人的看法或評價，都可以把它先放在一旁。

當然，「愛自己」這件事說來輕鬆但並不簡單。在保守的華人社會裡，尋求像梅麗莎這樣的諮商師的協助更是困難。不論是因為覺得很丟臉，還是害怕被別人知道，很多人寧願嚥下那些痛苦，每天假裝好像很開心，也無法鼓起勇氣，打開心門去與專業治療師談談。就連我這樣一個在西方社會長大的人，一開始

其實也是很難拉下臉找人幫我渡過難關。要是不那位好朋友和兩隻貓,現在的我或許還窩在床上吃泡麵,淹沒在胡思亂想的漩渦裡。

據統計,台灣的憂鬱症患者超過百萬,而且每年快速增加中。這事一則以喜一則以憂。喜是因爲這表示台灣在心理健康 (mental health) 這議題上越來越被重視,因此有越多人理解到快樂並非物質上的滿足,而是心靈上的平靜。憂則是在還有很多人無法得到他們所需的協助,整個社會也還缺乏一個完善的資源架構。

在書裡,Jason 曾提到除了跟梅麗莎晤談之外,他也會試著自癒自愈,比如說寫日記、看書、作運動、上瑜珈課,或者去大自然裡走走,簡化自己的生活。而我的方式則是每天早上冥想 10-15 分鐘。讓自己的思考跟呼吸都放慢下來,然後在心中列出令我感激的事,並且提醒自己原諒自己曾有的過錯,告訴自己 "everything will be OK"。總之,每個人選擇的方式不同,只要你願意踏出第一步。當然,我必須強調,以上這些方式絕非全然的解藥,必要時尋求專業的協助才是重要。

這本書描述了 Jason 如何以愛終結了他的性成癮,但是我希望這本書能開啟你自我探索的旅程。當你讀到 Jason 在舊金山街道上束手無策和徬徨不已的時候,我也邀請你回想一下,你是否曾經為了什麼錯誤而感到自責、慌張又無助?當你讀到 Jason 勇敢地對他妻子和家人坦承時,我也邀請你思考一下,是否有一些歉意正等著你勇敢、真誠地說出口?當你讀到 Jason 擁抱小 Jason,帶他去吃冰淇淋時,我也邀請你想像一下,如果你能遇到小時候的自己,你會如何溫柔、體貼地安撫他,告訴他自己是值得被愛的呢?

最後,套句梅麗莎常跟我說的話:「不要想太多,愛就對了!」

歡迎你開始攀登屬於你的那座山。

總編輯
許維恕 Jenny W. Hsu
Cetacea Inc., CEO

走出慾望矽谷

Silicon Valley Porn Star

新創浪子救贖自白

A Memoir of Redemption and Rediscovering the Self

傑森·波特諾以

Jason Portnoy

這部回憶錄是我人生經歷的回顧與反思，書中的對話盡可能如實呈現，但在一些情況下，我更改了人物的名字和特徵。我曾共事過的一些人後來在其專業領域裡相當知名，但願我的行為不會讓他們蒙上任何一絲一毫的陰影。他們對我的所做所為毫無所知——我把我的秘密隱藏得很好。

獻給

安瑪莉

妳是愛

謝謝妳

「一個真正的人最完美的型態是毫無秘密、沒有躲藏，
就只以清澈的愛存在著。」
－蓋瑞・祖卡夫《新靈魂觀》

「⋯⋯那個喜歡看色情片的內在人格該有個名字，「我們就稱他叫風流痞子吧，」有一天梅麗莎說。我們都笑了，這個名字就此沿用了下來。」

警鐘響起

「你的痛苦多半是自尋煩惱，那是你內心的醫者為治癒你的病痛所開的苦藥。」
-- 紀伯倫《先知》Kahlil Gibran, The Prophet

2015 年 2 月

週六凌晨，我的手機突然響了，刺耳的鈴聲嚇到我差點挫屎。該不會有什麼壞事要發生吧？通常不會有人這麼早打給我，況且又是我從來沒看過的號碼。不對勁！我的心跳突然加速：「喂？」

「我的女兒在哪？」一個陌生又沙啞的女性聲音問道。

「呃，你……哪位？」我整個人昏昏沉沉，腦筋一片混亂。她所問的女兒到底是誰？

她的聲音明顯隨著怒氣飆高：「我是麗莎的母親。我知道她昨晚和你在一起。她現在到底在哪裡？」

強烈的恐懼侵入房內，迫使我從溫暖的被窩中猛然起身。窗簾間洩入的一絲光在床上劃下一道筆直的線，彷彿是故意定焦在我妻子平時入睡的位置。

我雖然起床了，但是沒有完全清醒，一頭霧水看著著那空空的床位。

我試著回想，記起昨晚在飯店房裡來回踱步，反覆滑著手機，企圖壓抑心中的煩躁。麗莎遲到了兩個小時。

截至當時我早說謊成性了，反射性的想出一套說辭：你打錯了，我不認識什麼麗莎。但在內心深處我知道這次終於被抓包了，反駁只會讓事情越來越糟。何況，要是麗莎真的出了什麼事該怎麼辦？

「抱歉，」我清了清喉嚨，「我不知道她現在哪裡，她只和我提到她昨晚和朋友上了夜店，你去問問他們吧？」

「你、是、最、後、和、她、見、面、的、人！」她清楚的強調著每個字。「現在她不見了。傑森，我知道你住哪，也知道你在哪工作。要是她出了什麼事，我一定找你算帳。」吐出了最後一個字後，她便掛上了電話。

一陣恐慌向我襲來，恐懼不僅蔓延在我房中，也爬上了我的床，侵入了我體內的每個細胞。

我逐漸地意識到，事情已經發展到一個我將無法控制的地步了。這次終於玩過火了。這些人是誰我毫無所知。我試著讓自己的呼吸慢下來，卻做不到。我眼巴巴的看著手機，不知如何是好。這件事我不能跟任何人講，誰都不行！

等等，我忽然想起一個已經熟知我許多秘密的人，也是我唯一能夠坦誠的人，她一定知道該如何處理這件事！我趕緊向我的人生教練發出一則簡訊：

有緊急事件發生了，妳能和我談一下嗎？

瞬間我的大腦切換至思考模式，開始高速運轉，慌張的試著編造說詞來美化事實。我側躺在床上，把窗簾拉開讓陽光照進來。此時房裡悄然無聲，房外的世界變得無比遙遠，我就像在另一個平行世界中看著自己。

這件事該如何解決呢？

幾分鐘後，手機又忽然響起，差點沒把我嚇個半死。我殷切地希望是我的人生教練打的，卻又是那個陌生號碼。

我鼓起勇氣接起電話，以最禮貌的聲音應答，「哈囉？」

「麗莎剛到家了。」女人低沉的嗓音顫抖著，「你跟她做了什麼？」她的緩慢的口氣充滿著憤怒。

我說謊道，「我沒跟她做任何事。」

「她可不是這樣說的。」

我回問，「她說了什麼？」天呀！麗莎到底說了什麼？

「你玷污了她！她全都告訴我了，她告訴我你對她做的事。 她是個純潔的女孩，而你蹂躪了她。你給我走著瞧！」她大聲的指責我。

我從床上跳起來：什麼啊？這女人到底在說什麼？

我昨夜是想跟麗莎上床沒錯，但她拒絕了我。我們除了摟摟抱抱幾下之外，根本沒有任何性行為。

我絕對沒有玷污她。

「我可以發誓，我沒有和妳女兒發生性關係。」我緩慢的說，試圖掩飾著我顫抖的聲音。

「我會帶她去看醫生，真相會大白的。」她又掛上了電話。

我無助的盯著手機，向望窗外望去。這件事肯定瞞不住安瑪麗，我幾乎無法想像她會有多傷心。我到底怎麼了？在與她經歷過這麼多風暴後，我居然還做的出這種事？我頓時感到無比羞愧，房間開始天旋地轉。

我越來越喘不過氣來，這件事情雖然有很多疑點，但越想就越不可置信，我怎麼會笨到試著和麗莎上床？我本來就知道她和她媽媽同住，連自己的車都沒有，所以約她見面才會如此麻煩。除了她很有可能有我家的地址之外，我對她一無所知，這表示她媽媽的確有辦法派人來把毒打一頓。

一則簡訊在我的手機上閃過，是我的人生教練梅麗莎傳來的，幸好她總是早起。

早安！沒問題，你可以打給我。

我馬上撥了通電話過去。太好了！請妳救救我吧，我心裡吶喊著。

「嗨，發生什麼事了？」她爽朗的聲音中帶著一絲憂慮。這是我認識她五年來第一次因為緊急事件聯絡她。

「我也不太確定到底發生了什麼事。」我在房內來回踱步，目光盯著地板。恐懼瞬間將我腦海中的所有想法都趕了出去，絲毫沒給我空間思考該怎麼處理這件事，「我昨晚做了一件不該做的事，安瑪麗跟瑪雅出了遠門後，我就約一位女孩子見面。我可以發誓我們沒發生什麼事，但她的母親剛打電話來說她要來

17

找我算賬，說她知道我公司在哪裡。」

梅麗莎沒馬上回我，我焦急的等著，不知道她接下來會說什麼。我不指望她同情我，她不是這樣的人。她一向鞭策我要對自己的所作所為負責。

梅麗莎想了一下，然後終於問，「你現在在哪裡？」

「在家。」我停頓了一下接著說，「我有點害怕。」

「她們知不知道你住在哪裡？」

「有可能，麗莎在我常去的健身房擔任櫃台人員，會員資料中有我的地址，但我不確定她看不看得到。」

「你應該先確認她們手上到底有沒有你的地址。」

聽完她這句話，我大腦突然接通了。沒錯，我早該這麼做。

「我可以打電話去健身房和老闆談談。」我越說越小聲，因為我說出這句話的同時也發覺：我的秘密即將洩洪了。

「嗯，這是個好主意。」梅麗莎說完後，我們就掛了電話。

我回到床上坐著，動也不動地盯著窗外。我老早就知道不能繼續這樣下去，不斷的欺騙加深我的罪惡感，我必須徹徹底底的結束這一切。

即使已經下定決心，但要打這通電話還真不容易。這是間區域型的小型健身房，雖然我和老闆不太熟，但在走廊擦身而過時還是會互相打聲招呼。從此以後，他們每次見到我便會記得我睡了他們的前台小姐。電話響起時，我開始覺得很丟臉。

不久後，我被轉接到健身房的其中一位老闆那，我和她解釋了現在的情況，雖然我有些結巴，也略過了許多的細節。她清楚我昨晚和麗莎在一起，然後她媽媽現在要找我算帳。幸好老闆只是靜靜地聽著，並保持著禮貌的態度。

「其實昨天麗莎沒來上班。」聽到這消息，我有些訝異，「她連打電話請假都沒有。這不是她第一次這樣子了，我本來星期一就打算把她開除。」

「哦，好的。」我不知道該說什麼，但心情沒那麼緊繃了。

「那她之前能看得到會員的個資嗎？她有可能知道我家地址嗎？」我問道。

「她無法看到這些資料。會員來前台報到的時候，接待人員只會在螢幕上看到名字和照片。」

「啊，太好了！」對話停頓了幾秒，我覺得我該再多講幾句來填補這個空檔，但真的不知道如何接話，就硬擠出一句「我真的很丟臉……」

話還沒說完我就被老闆打斷，「我們不需要再聊下去，你的私生活不關我的事。」

「呃，還是很謝謝妳。」

「還有，」掛斷電話前，她提醒我，「你應該考慮報警。」

噹！噹！噹！我內心的警報器瞬間響起。報警？！媽啊，絕對不行！

我故作冷靜問說，「妳為什麼會這樣說呢？」

「我不認為麗莎所謂的『媽媽』是她真的母親，她們有些可疑，你最好謹慎一點。」

「我該害怕嗎？」我的內心又再次充滿了恐懼。

「哦，不。她們大概不是什麼危險人物，但要是她繼續跟你聯絡的話，有警方的介入或許能嚇阻她們。」

我和老闆再次道謝，她祝我好運後就掛斷電話。此時我意識到報警也許不是個壞主意。我無法跟其他人說這件事，我也沒犯什麼罪，或許警方能給我一些建議，好讓我處理『媽媽』來找我麻煩的狀況。

我評估了一下，覺得情況不會比現在更糟，我於是上網找當地警方的非緊急報案電話號碼。但電話響起後，我又想縮回去了。報警是個天大的餿主意！然而為時已晚，電話很快就接通了。我再次結結巴巴的說出我被人騷擾，想報案。一位女士禮貌地告知我，我得親自去一趟警局才能報案。天呀，我居然得面對面地向另一個人再說一遍事情的經過。

「那我告訴警官你等一下會來。」她在掛斷前說。

我邊穿衣服，邊賣力的說服自己不用去警察局報案，就在掙扎的時候，麗莎的「媽媽」又打了一通電話來。看樣子，我非去不可了。

「哈囉？」不知為何，我現在沒那麼怕她了。

「麗莎在她的房間裡，她受到很大的刺激。」

與健身房老闆談話後，打算報警的我開始懷疑到底發生了什麼事。麗莎真的大受打擊了嗎？我們之間又沒有發生什麼不尋常的事。她有什麼好覺得很受傷的呢？這女人真的是她的母親嗎？還是說這一切都是場戲？

「我能和她談一下嗎？」

「不！你不能再跟她說話！」她憤怒的喊道，「你會為此付出代價！」

恐懼感又再次浮現了，我站起來換換姿勢，試圖擺脫這種不適感。我張了嘴，卻不確定到底該說什麼才好。我到底該如何解決這件事呢？

她自顧自的說下去，「她需要找個心理諮商師，收費高昂的心理諮詢師，這筆費用和她的其他所需都要由你負責。」

她的話讓我鬆了口氣，又同時感到困惑。鬆口氣的原因，是因為她既然說出要我「為此付出代價」就意味著她打算敲我竹槓，而不是找人修理我；困惑的是我不太確定她提到的「其他所需」到底意味著什麼？

我伸手摸到一張椅子、在房間的一角坐了下來，對自己的行為充滿了失望和羞愧。但一會過後，心中的怒氣便逐漸取代了恐懼。麗莎當時是百分之百願意與我見面的。好幾個月前，我問她想不想「一起出去玩玩」，當時她熱切地附和了我的提議。我甚至還記得當我在谷歌語音號碼（是我不想被安瑪麗抓到而特別設置的網路號碼）上收到她的第一封簡訊時興奮的快感。

嗨！是我，在這裡傳訊息給你安全嗎？

幾個星期後，她在某個購物中心的停車場內自願地坐上了我的車，卻矜持的不願意繼續下一步。我被她的挑逗深深的吸引了。前一天晚上，她滿心喜悅的答

應在旅館跟我見面時，她根本沒有受到什麼刺激，而這打電話來的女人也肯定不是她的母親。但撇開這些，我終究是個有錢，有地位的白種男人……

想到這裡，我對自己的行為感到噁心，腦裡的情緒複雜到讓我反胃。我，一位富有的白種男人，去撩一位年輕漂亮的女孩。不管麗莎是否出於自願，我擺明了就是個獵豔者，這整件事都是我的錯。

意識到這點後，我覺得最簡單的解決方法可能就是盡量順勢而為。

「她受到這麼大的刺激，我深感遺憾，」我用指尖用力的托著額頭說，「我會付心理諮詢的費用。」

「不論她需要什麼，你都得買單，」女人低聲嘶吼著說，「否則，我們一定找你算帳。」

我靜默了片刻，然後問說，「妳要多少錢？」

說完，我的下巴順著我說話的聲音落到胸前，連抬頭的力氣都沒了。現在我不僅得向安瑪麗坦白，要是不想鬧得眾所皆知的話，還得花上我們家的積蓄來堵住這女人的嘴。

「不知道總共要多少，但金額一定不小。」說到這，女人的聲調變得輕快，「我得先帶她去看醫生才知道。」我抬起頭來說道，「我明白了。妳帶她去看醫生吧，我問問警方的意見。」

她沉默了許久，最後說道，「你就做你該做的事吧！」然後掛上電話。

***

因為時間還早，去警局的路上，街上幾乎空無一人。灰濛濛的天空、光禿禿的樹木和被白雪覆蓋的地面告訴我這將是寒冷的一天。不知為何，這景象倒頗貼近我的心境。幸好，我的大腦早已專注想著解決方案，沈浸在自己的想法中，暫時不必面對自己的感受。

到達警局時，我的心情又發生了變化。警局前面停著一輛警車，當我開車靠近時，有一名警官下車。頓時我感到不自在，意識到我所做的事剛好全都符合富有的白種男人的刻板印象，我甚至還開著一輛寶馬。我的臉羞愧得發燙，對自己充滿著強烈的厭惡感。

下車後，我幾乎無法專心在任何事情上，感覺世界一片模糊，但我很難不注意到那位警官。他身高大概有 195 公分、光頭，身材魁梧，戴著墨鏡，拇指扠在腰帶上。從他展現的肢體語言可以看出，他不會容忍任何的廢話，幸好他在我還不知如何是好時就開始問話了。

「你需要什麼幫忙嗎？」他問道。

我們之間的對比再清楚不過了。我立刻對這個男人產生了敬意，他是正義的化身，而我卻是個小人；他值得尊重，而我只裝得像是位值得尊重的人；他如此的成熟，而我相對幼稚。此刻我這所謂的「問題」與他每天得處理的問題相比之下顯得微不足道又愚蠢。

我迫切地想贏得他的認可，我覺得贏得他尊重的唯一方法就是簡明扼要地實話實說，但這說起來容易、做起來難。在我試著告訴他事情的經過時，口中說出的每個字是如此累贅又尷尬。

「昨晚我和我去的健身房的前台人員約會。」我停了一下，他點點頭，但不發一語。「然後，呃，今天早上她媽媽來電說那個女孩受到了很大的刺激。我發誓我沒有對她做什麼不該做的事。她離開的時後，我們之間一切都好好的。」

他豎直了背，讓我嚇了一跳，因為他居然顯得更高大了。

我急著說出重點，「她母親威脅要來找我，說我得付她女兒的心理諮商費，還有其他的花費。這女孩知道我的工作地點，我擔心她們會使用暴力來騷擾我。」

「你說的是個女孩？還是個女人？」

我緊張的嚥了嚥口水後說，「她是個法定的成年人。」

從他的臉上看不出任何情緒。「她有對你或你的家人做出任何具體的威脅嗎？」

「沒有。」

「除非有具體的威脅，否則我們無能為力。」

「呃，那敲竹槓呢？這種行為不算是某種敲詐或勒索嗎？」

「她有沒有向你索討具體的金額？」

「沒有。她對金額含糊其辭，只說她稍後會打電話告訴我到底要付多少。」

他緩緩的點了點頭：「這個女人似乎知道，如果她含糊其辭的話，警方便無能為力。在我看來，她以前應該幹過這種事。我建議你別再和她們對話，這樣她們應該就會去詐騙下個人了。」

詐騙？這全是個騙局嗎？我真的有這麼傻嗎？

我忽然回到了現實，「我有和那所謂的媽媽說我會和警方聯絡。」我說著，希望聽起來像個至少有一絲能管理自己生活的本領的人。

「那應該會嚇阻她們。」

我不知道該如何接話，但要是我們對話結束，我就得回家，回去那冷冷清清，只有我一個人的家。我還沒準備好回去，我並不擅長獨處。

「你會告訴你老婆嗎？」他提出了一個讓我感到有點震驚的問題。

「會，我會的。」我慢慢地說，「我想應該沒有其他的辦法了。」

「那祝你好運。」他勾起了一絲輕蔑的笑，且微微的搖了頭，「我一點都不羨慕你現在的處境。」

***

當我回到車裡開車回家時，天空又陰又灰，空氣中冰涼的溫度也感覺又下降了。我不知道如何自處才好，只能努力的找些雜事來做。雖然整理床鋪真的不算是什麼了不起的成就，但這件事卻讓我覺得自己更貼近現實。我再次坐在床上盯著窗外，但什麼也看不到。

一切都是空白的。我腦中自己喋喋不休的聲音已經無影無蹤了。我對所有的情緒感到麻木，就像一顆原子彈在我體內爆炸並摧毀了一切，直到安瑪麗和瑪雅進入了眼前的空白。

在這一刻，只有她們是重要的，工作、車子、財富與女人突然之間變得一文不值。此時我想緊緊的抓住我的家人。每當我伸手，就會撲個空，因為她們不在我身邊。我得獨自面對這件事。想到她們我心就痛。我之前已經差一點失去了她們，這絕對不能再發生。這問題必須解決。

我給梅麗莎發了通簡訊，講述我去警察局的經歷以及警官所說的話，並詢問她稍後是否有時間和我談談。她回答說她下午有空，我們約在兩點。雖然還有幾小時，我卻覺得度日如年。

此時，另一通簡訊出現在我的手機上。

嗨，兒子！我們已經起床吃完早餐了，準備好開始嶄新的一天！現在去你家好嗎？

天哪，我的父母。我母親與繼父比爾剛好今天要來拜訪，可是我不想假裝一切都正常，也絕對不想讓他們知道發生了什麼事，但要是我花點時間和他們一起出去的話，至少這意味著我在等待梅麗莎的來電前，不必一個人待著。跟他們在一起甚至有可能幫助我分散幾小時的注意力，我就回覆：早！沒問題！但我下午兩點得處理一個緊急的工作電話，我們就在那之前見見面吧。

我被今天所發生的事震驚到了，接下來的幾個小時內都處於一種恍恍惚惚的狀態。這段時間，我其實過著雙面人的生活。當我們在城裡閒逛，吃午飯時，我的父母只看到我平常的一面，大多數人只看過我的其中一面：一個冷靜、鎮定的傢伙，但仔細觀察我的話，你會注意到我前一分鐘還在，下一秒思緒又飄遠了。我人雖在，但總有點魂不附體的感覺，永遠有一部分思緒在另一個時空中。當安瑪麗看著我的手機時，我會擔心會不會剛好在忘了將谷歌語音帳戶設成靜音時，收到什麼秘密簡訊。當瑪雅要求在我的筆記電腦上玩遊戲時，我會擔心是不是忘記關閉之前打開的色情網站。今天我整天都戰戰兢兢的，等著那位怒氣沖沖的女人打來，也煩惱我會傷透安瑪麗的心，失去我的家人。我也害怕，如果消息傳出去，我身為一位已婚風險投資者，與健身房的前台人員在飯店房間裡勾搭，我必然會被公審。

24

謝天謝地，在大約兩點時我的父母就已回去他們所訂的旅館休息了。臨別前，媽媽提醒我今晚還有陶藝課。我努力擠了個假笑出來，然後告訴他們我晚點會去接他們一起前往。

我回到家後，再次躲到主臥裡與梅麗莎通話。我在這房裡和她講過很多通電話，平時的通話內容會使讓我感到舒適，很有安全感，但我今天一點那樣的感覺都沒有，反而感到有點無依無靠。我撥了電話給她。

「喂？你還好嗎？告訴我到底發生了什麼事。」她連珠炮般的問著。

我向她說了更多關於我去警局報案的細節。

「那女人有再打來嗎？」

「沒有，她還沒再聯絡我。」

「好吧，那也好，也許她會從此消失。」她停頓了一下，「傑森、傑森、傑森。」

我不知道怎麼回應才好，所以我們彼此沉默了一分鐘。

「這到底是怎麼發生的？」她最終問道。

「我也不知道……」我開了個頭，卻意識到這些話聽起來好愚蠢。

我無可奈何地將頭靠在椅背上，「我當然知道，這個女孩和我曖昧了幾個月，我不知道我為什麼會這樣做，更不清楚我為什麼一直在自我傷害。」自我傷害，這是我在上次事件後學到的詞彙，「這甚至比一年前發生的事還糟。」

「是的，這的確更糟。」她同意著說。

我們再一次無言以對。我的生活中出現了一些不停重複的行為模式，這事實現在對我們兩人來說都很清楚了。如果我誠實地自省一下，就不得不承認我陷入了一個惡性循環中。我的行為越來越危險了，如果繼續下去，我最終一定會像我在媒體上讀過的許多男性一樣，崩潰或自我毀滅。我可不希望這種情況發生在自己身上，我有成功的事業和我深愛的妻子和女兒，我不想失去我努力建立起來的一切，但我到底什麼時候才能停止這樣的行為呢？我的意思是真正、永久的徹底擺脫這種行為，而不是暫時的停歇？

25

我開始質疑自己怎麼會淪落到此。我以前挺正常的……至少我童年……算是個正常的孩子吧？

###

— 第一部 —

早期印象

第一章

1980 年 3 月

當時我四歲，晚餐後吃了好多巧克力，精力充沛的穿者連身睡衣在沙發床上亂跳，鬼吼鬼叫。 我媽媽和她的朋友比爾邊笑邊看著我玩耍。

姐姐史蒂芬妮比我大五歲，正刷著牙準備上床。那時，我們住的兩房公寓就是我的宇宙，除此之外，沒有其他的存在。

我蹦蹦跳跳的地方就是媽媽睡覺的地方。我後來才知道，原來她跟爸爸離婚後只負擔得起一間兩房公寓，她睡在客廳，把臥房讓給我跟姐姐一人一間。

史蒂芬妮一直是一位有責任心的孩子，自己漱洗後就隨即來叫我。

「傑森，來刷牙吧。」姐姐是我的英雄，我毫不遲疑握住她的手，跟著她走。她將我安頓好，媽媽就來幫我蓋好被子，親了我一下。在被窩裡我感到安全、溫暖、被愛，於是就安穩地睡著了。在我的小世界中一切美好。可惜隨著時間逝去，這種甜蜜的夜晚越來越少了。

僅僅兩年後──六歲時──時我坐在床上緊抱著自己的膝蓋，走廊裡的喊叫聲越來越大，我害怕極了。我的床在房門對角，離門很遠，床頭板緊靠在牆上，我突然意識到牆的後頭只有無盡的黑夜。

當時，我們搬到了紐澤西州 （New Jersey） 北部，臨近紐約，樹木繁茂的山

丘間。我們周圍幾乎沒有什麼其他的房子，我們家就像樹海中的一座小島，孤立著。我想叫史蒂芬妮來保護我，她的臥室本來在我的隔壁，但幾個月前她搬到樓下的房間，好遠離吵架的聲音。我現在只能靠自己了。

一道碰撞聲傳了出來，有什麼東西被打碎了，又傳出更多的吵架聲，我不明白他們到底在吵什麼。

「我受夠了！我這就走！」我媽媽喊道。

比爾立刻回嘴，「你以為你他媽的能去哪裡？！」

我以前聽過一模一樣的對話。在等待媽媽慣常的回應時，我全身上下繃緊著。就像演戲一樣，以老掉牙的台詞回應著：

「天知道！」她有點失控了，「也許我會從懸崖上開車衝下去！」

門砰的一聲用力帶上。外面傳來輪胎加速的聲響後，周遭就安靜了下來。

我嚇到動彈不得。比爾的腳步聲越來越近，他從來沒有傷害過我，但我知道他怒不可遏，我本能地想保持距離。他轉身進入我房間正對面的主臥室，用力的將門甩上。

我躲到被窩裡，雖然他們吵完架讓我鬆了一口氣，但我不禁轉身側躺著盯著窗簾。媽媽會回來的，對吧？她之前都會回來。但是……如果這次她再也不回來呢？

我最終孤獨惶恐的睡著了，但動不動就醒來。

第二天在學校，我依舊嘗試假裝前一晚什麼都沒發生，但越來越難了。下課時看著其他孩子，我很困惑：他們怎麼能玩得這麼開心？我渴望像他們一樣盡情的投入遊戲中，但我做不到。我壓抑住自己的情緒，生怕自己要是不小心太投入的話，將無法駕馭自己快失控的情緒。我必須保持距離，一定要控制好自己。

我變得擅長逃避痛苦。我七歲的時候，早已練成了一套讓自己轉移注意力的好功夫。有一天，我坐在爸爸新車的前座，被上下翻轉的車頭燈迷住了。它們到底是消失到哪裡呢？我確信這一定是某種魔法。那是個陽光普照的早晨，我被高聳的松樹包圍著，位在紐澤西州一座如詩如畫的湖邊。車窗全都敞開著，地

上濕漉漉的松針沾滿了泥巴的氣味。耳中傳來鳥兒的晨鳴，此處的寧靜觸及了我的內心深處。透過擋風玻璃，我盯著湖面看了一會兒，然後又玩起了車頭燈。父親走出朋友的房子，靠在副駕駛座的窗邊，將我從白日夢中喚醒。

「傑森，過來吧。你過來和梅爾打個招呼好不好？」

「不，我只想在車裡玩，爸爸。」

他失望的垂下頭，但沒有強迫我進去，我知道他很快就要離開了。媽媽和比爾在幾個月前結婚了，然後現在爸爸要搬去一個叫伊利諾伊（Illinois）的地方，那聽起來像個遙遠的地方。 我不想進去見他的朋友，要嘛他就陪我坐在車子裡，要嘛他就轉頭離開。 反正我們父子在一起的時光幾乎是零。或許他消失的話會更好，這樣我就能假裝他壓根不存在，我的心也不會那麼痛了。

爸爸在那之後不久就搬走了，我對接下來幾年的記憶有點模糊。但我九歲的時，家裡發生了一些波折，媽媽在那一年裡流產了兩次，整個家的情緒大起大落，我們似乎被一朵烏雲籠罩著。漸漸地，我開始經常生病，三不五時就曠課。我媽也病了，她每天必須吃好幾次藥，每次都得服用一堆不同的藥丸。有天她向我解釋了各種藥的用途，但數量多到我光聽她的解釋就頭暈目眩。我們廚房的檯面看起來就像一間藥局一樣。

平日，我和姐姐成了鑰匙兒童。媽媽花錢請了一位鄰居在放學後負責將我們姐弟倆從學校接回到家門口。一個出大太陽的秋天午後，回到家後，姊姊將幾片起司融化在白土司上，當作我們倆的午後零食。一起坐在廚房餐桌上吃東西時，我真慶幸有她的陪伴。我最喜歡在姐姐身邊，也迫切地希望她能和我玩耍，但她只想去自己的房間內和朋友講電話。我一直求她，但她不肯妥協，我只好沮喪地走到外面，在長長的車道上來回的獨自騎著腳踏車、盪鞦韆。我們的院子被高聳的森林包圍著，不知道為什麼，看著這些樹時我就會感覺好一些。我們附近沒有鄰居，所以沒有小朋友能和我一起玩，但我早已習慣了獨處。

在下雨天或冬天冷到無法去外面玩的日子，我通常會窩在沙發上看電視節目和電影。我就是從螢幕上學會以後長大要如何當一個男人，我知道我必須賺很多錢（或者像一位王子一樣富有），開著一輛克爾維特或保時捷牌的跑車。如果我成功做到這些的話，那其他男人就會認同我，然後一位漂亮的女孩會想嫁給我。我會變成一個又酷又開心的人。這似乎是一個很簡單的公式，所以我將這

些資訊歸檔到我的小腦袋中，以供未來參考。

我上中學前的那年夏天，我們家終於有機會重新開始。我們搬到紐澤西州中部的希爾斯伯勒鎮（Hillsborough），離我媽媽和比爾的新工作更近。我們不再是樹海中的孤島，新家在一個市郊的典型住宅區裡，這裡有人行道，也有孩子們會在街上玩耍。我們的新房子很大，我第一次進到裡面探索時，居然迷路了。新房子不像老家一樣總是籠罩著烏雲，這裡的廚房裡有大片窗戶，天天都有陽光照射進來，有時明亮到我幾乎無法睜眼。這裡的一切都是燦爛、嶄新、令人興奮的。我們甚至有個游泳池！

那年七月，姐姐在泳池畔舉辦了她的甜蜜十六歲派對，一個月後我也在自己的生日當天辦了個泳池派對。我在新鎮上還沒交到朋友，所以媽媽邀請了我之前學校的所有同學來玩。歡樂的笑聲充滿了房子，也溫暖了我的靈魂。在這新的住處，我找到了一個新的開始。我在這裡覺得很安全。

但不幸的是，這新鮮感很快就消失無蹤了。媽媽在接下來的幾週內似乎越來越累，到開學時，她又病了。下校車時，我看到她的車停在車庫前的車道上，我衝進家裡，興奮地跟她分享我在新學校第一天的經歷：

「媽媽！喂，媽媽！」

沒有回答。

我不禁打了個寒顫，我注意到房子裡沒有一盞燈是亮著的。我又回到了廚房，「媽？」

還是沒反應。

她一定在她的房間裡。

我用小六生用不完的精力跳上樓梯，看到她的房門關著，我敲了敲門，但她並沒有回應。我慢慢把門打開，看見房裡的燈是關著的，窗簾也拉了起來，幾乎伸手不見五指。我躡手躡腳地走了進去，看到媽媽躺在床上，眼睛上蓋著一條毛巾。

「傑森，是你嗎？」她問。

「嗨，媽媽。」我走近床邊問說，「你還好嗎？」

「我身體不太舒服。」她用屢弱的聲音說著。清了清嗓子後，她又提起了一點力氣繼續低聲說，「你來這坐坐，跟我講一下你今天過的如何吧。」我坐在床邊，開始向她描述我的新學校。坐校車真是太有趣了。這學校跟以前的比起來大了許多，這裡的學生也多的很。我在學校裡居然有了自己的儲物櫃！我告訴她我置物櫃的密碼，很自豪自己居然能記得住。

「真是太好了，傑森。」她回答說，「你能給我個擁抱嗎？我今天真的很需要一個擁抱。」

「當然。」我慢慢地說著。我不知道為什麼覺得很不情願，我真的不想給她什麼擁抱。我只想她醒過來，不要在整天躺在床上。我只希望她能像其他孩子的媽媽一樣正常。

但我很盡責地給了她一個擁抱。她滿身冷汗又毫無生氣，我不想靠近她，可是一股罪惡感又湧上心頭，讓我對自己的反應感到有點矛盾。我覺得身體不舒服，開始發癢，心跳也開始加速。我得走了，不能再留在這裡。

「我等一下再回來找妳，好嗎？」我問道。

「好的。」她用幾乎快聽不到的聲音說完後，又馬上快睡著了。

我安靜地離開了房間。我轉身帶上門後，我就奮力跑下樓梯，出了前門、跑進明亮的午後陽光中。我在街上剛認識的新朋友很快就要開始玩球了，我趕緊往鄰居家衝過去，想盡快加入他們。只要投入在遊戲中，我就能忘了剛才和媽媽在房間裡相處時的不適。

才擺脫的陰霾，現在又逐漸籠罩著我的新家了。一個月後，比爾和我將媽媽送到了一個叫開利診所（Carrier Clinic）的地方。媽媽要在這裡待上一段時間，因為她得了一種叫「憂鬱症」的病。當診所大門打開時，我看到滑亮亮的亞麻地板，低矮的天花板掛著白光吸頂燈，一些穿著白袍的醫生和護士推著坐輪椅的患者。我真的不明白我媽媽為什麼得來這裡，我從她的外觀看不出她到底有什麼不對勁。為什麼她無法下床？也許這些人能幫幫她。

在十五分鐘的車程中，比爾試圖和我閒聊並安慰我，但我沒心情說話。我小時

候看他生過太多次氣了，以至於沒有媽媽在身邊時，我無法放下對比爾的戒心。我現在終於意識到我之後可能會常常單獨跟他在一起。我知道比爾是愛我的，但是想到要跟他獨處，我就覺得很緊張。多年來，他一向全心支持著我與史蒂芬妮的課業與課外活動，因此我為我的緊張感到內疚。我全身又開始發癢了，我只想下車。

那天，就跟往常一樣，我們回到家時，屋子又黑又靜。我直接走進我自己的房間，這通常能使我感到安全，只是這一次，我毫無這種感覺。我打開電視，臥倒在我的單人床上。媽媽的事讓我感到既害怕又困惑，我一點安全感也沒有。況且，我不喜歡單獨和比爾在家。幸運的是，電視上正在播著我最喜歡的一個節目，我馬上將注意力投到螢幕上。我的意識被逐漸吸進螢幕中，我的身體和體內所有使人困惑的心情都慢慢消失了，我就這樣消失了。

＊＊＊

八個月後，一個夏日早晨，我拉起車庫的捲門，瞇眼看著外面的陽光。前院翠綠色草地上的露水才剛被蒸發，空氣充滿著濕氣。多年後在夏天造訪美國東岸時，我才發覺這氣味能馬上喚回我對此地與當時的回憶。對我來說，那刺鼻、潮濕的夏日氣息就是自由的味道。在無邊無際的市郊住宅區中，我可以安全地到處漫遊，遠離那籠罩在我們家上空的陰霾。

我騎著姐姐的十段變速自行車去我朋友史考特家。在社區中快速穿梭是一種我新發現的自由，著實令人振奮。我用盡全力，努力踩著踏板，試著打破自己最快的紀錄。

我參加春季足球隊時認識了史考特，他成了我最好的朋友。我們玩了一整天，只停了一會在他家廚房做三明治當午餐。他的父母都去上班了，他的哥哥和姐姐留在家裡以防我們做出一些蠢事而受傷。我們一起騎腳踏車到比較遠的地方，練習滑板特技，在附近的草地踢足球。但每次看到他爸爸下班開著車到家時，我都會感到一陣悲傷，因為這意味著我該回家了。

我慢慢地扶起我的腳踏車，開始回家的路途。當轉進我住的街道時，看到家，我突然意識到，我又要回到一座孤島。在這個住宅區之中，它和其他房子不同，是孤立的。雖然這條街上的其他家庭間都彼此認識，但認識我家的人卻沒幾個。儘管媽媽去年秋天只在開利診所待了三個月，但因為她用藥量很大，有體無魂的過日子，幾乎不知道自己人在哪裡。她還是沒有回去工作，除了睡覺、看電視，她就像行屍走肉一樣，穿著睡衣在家裡走來走去，眼神永遠盯著遠方。

那年夏天，我因為不想待在家裡而覺得有些內疚，但每天早上還是迫不及待的離開家。我對我的內疚感到困惑。那一年，史蒂芬妮考上駕照後，她也經常不在家了。雖然我跟她從來沒聊過她為何不回家，但我們都清楚，只是彼此都不說、心照不宣罷了。

接下來的四年的中學時光大同小異。我的個性比較敏感，臉皮很薄。儘管我努力結交新朋友想融入團體，這一切對我來說並不容易。我自己解釋說，這是因為鎮上大多數孩子從幼兒園起便一起上學，所以我這個新來的外來者才很難跟他們打成一片。此外，他們的家庭背景也和我不同，他們的家明亮又愉快，而我家陰暗又可怕。但內心裡，我無法認同這是真正的原因，我反而越來越相信自己才是問題所在。

不過這段時間，我都至少有一位死黨可以玩在一起，先是史考特，後來是麥特。雖然這兩段友誼很堅定，我總還是嚮往能變成所有同學的眼中的風雲人物。

每天早上走去校車站時，我會嘗試扮演不同的角色，看看當中有哪個能幫我跟大家打成一片。失敗幾次後發覺原來惡作劇也是吸引同學注意力的一個好辦法，我於是成了一個搗蛋鬼。有次我在課堂上向老師比了中指，放學後在家附近放鞭炮或惹些無關緊要的麻煩。

七年級時，我開始發展一種新的嗜好：我開始地對愛情感興趣。在那接下來的四年裡，我幾乎無時無刻都在追求、交往或和小女友分手。迷戀這些女孩時，我便無暇去想家中的事。不僅如此，我還發覺，如果我去追求已經有男友的女孩的話，我的生活會更具戲劇性，因此也能獲得更多人的關注，這種行為模式一直持續到高中。因此，我在國中時常擔心在學校會不會被別人的男朋友海扁一頓。

國中時期，我看準了足球是讓我變得更受歡迎的最佳「利器」，但到了高中，

這個夢徹底破滅了。原來我還蠻孬的，不敢衝上去踢球。其實，我怕加入任何陣勢中，我怕受傷，也怕要是球真的傳到我面前的話，大家會看出我手足無措。高一那年，我是隊裡最差的球員，常常被取笑。其他人都踢得很好，感覺起來我跟球隊毫無相關，是個徹底的局外人。隊友們晚上會和家人一起看球賽轉播、增進感情，我卻連話都搭不上：我們家晚上從不這樣做，我們沒有什麼家庭活動。其他人看起來永遠自信滿滿，我卻一點信心也沒有。我無法擺脫那個「我不屬於這裡」的感覺。

史蒂芬妮在家時，我們處得很好，但她很少在家。我非常想念她，有時我就會走進她的房間，在音響上播放她的 CD，假裝她還在家。當她收藏的音樂在二樓迴盪時，書桌前做作業的我就不會感覺到如此孤單了。

比爾工作的時間很長，我有時會想，他是不是也在逃避現實。我媽，嗯……她還依舊下不了床。她每天都睡很久，以致於多年後，在畢業十年的高中同學會上，一位老友在接待桌跟我打招呼時對這我喊說，「嘿，波特諾伊！你媽到底起床了沒啊？！」

高中一開始，我的科目成績都是 A 或是 B，但逐漸掉到 C 和 D，我處事態度也變差了。

每次家長會上老師都會說，「傑森並沒有在課業上盡全力。」十年級時聽到這些話，我腦海裡會回一句：幹你娘！他們根本不清楚我的情況！青少年的我開始感到一股新情緒在心中駐紮，一種陌生的情緒——憤怒。

那些擔心又心疼媽媽的日子一去不復返了。現在，當我回到家時，我只有憤怒和無助。

媽，妳到底是哪裡不對勁？幹，我不要坐在妳烏漆麻黑的房間裡擁抱妳。我恨死我們這樣的一家人，我們都沒有一起做什麼家庭活動，都是因為妳總在最後一秒突然身體不舒服而改變計畫。 你他媽的給我下床！夠了，我受夠了！

但是我內心中的謾罵通常很快就被內疚和困惑取代，之後只好盡量不去想這些狗屁倒灶的事。我最後成功的把所有的這些感覺深藏在心底，整整三十年過後，我才發覺它們依舊深埋在我心底的同一個角落。

十年級尾聲時，我交到一群合得來的朋友。那年夏天我們幾乎都在喝啤酒、抽大麻，騎機車去加油站買煙。我完全不在乎我到底在幹什麼，只要能不待在家就好。

我們一幫人一起闖禍，惹的麻煩越來越大。那年秋天，我們時常在半夜溜出去遊蕩，從沒上鎖的車內偷走雷達探測器。有一晚，幾個朋友偷了一台的機車，那個週末，我們大家輪流在附近的一個工地裡用鐵槌將它砸爛。我有天帶著一個巨大、全新的手提音響回家，告訴父母這是我打賭贏的，他們居然就相信了。他們真的如此單純嗎？難道他們不知道我在房間裡點香，開著窗戶是為了掩蓋大麻和香煙的氣味？為什麼不阻止我？

我奮力求救，但他們聽不見我心中的呼喊。我每灌一瓶啤酒，抽一支菸或麻菸時都希望自己會被抓到。我好盼望有人關心，阻止我繼續墮落。幸運的是，十一年級那年，我所做的事終於嚴重到足以引起注意了。

###

第二章

「男人氣概的養成，母親扮演著重要的角色。」

－麥克·C·賴克特博士 《如何教養男孩》

Michael C. Reichert, PhD, How to Raise a Boy

1992 年 10 月

十一年級剛開學時，秋高氣爽。早上的課程一切如常，英文課時我開始分心、盯著窗外的樹叢。突然被警報聲拉回現實，消防演習時間到了！

所有學生迅速聚集到學校的草坪上。我和一個朋友覺得這正是來場「交易」的時機。於是我們繞到體育館後面，打算避人耳目。他從口袋裡掏出一些現金的同時，我也掏出幾個裝有大麻的小塑膠袋。結果……一位老師剛好從體育館後門走出來，將我們兩個現行犯逮個正著。如待宰的羔羊一般，我們嚇得停在原地不敢動彈，毫無疑問的，我這次終於完蛋了。

接下來的幾個小時，我被關在一個木板牆面的辦公室裡，向一群大人解釋剛發生的事。雖然只是賣一些大麻給朋友，卻被他們說成我在學校從事「毒品交易」，這聽起來的確很糟糕。媽媽親自來接我時，我嚇了一跳。到底發生了什麼事？我的心跳開始加速。她為了這件事下了床？她居然為我出門了？說也奇怪，這反讓我覺得一切都會沒事的。我媽媽會照顧我，她知道該如何解決這件事。

在家裡苦等了幾天後，學校行政單位和警方才通知我們他們的決定。我媽接到他們的來電，我看著她，靜靜的等著。不一會就看見她雙眼瞪大，面無血色。當她告訴我他們的決定時，我覺得世界忽然變得好狹窄：學校打算把我退學，

警方想將我送到少年看守所。聽完宣判，我想，我這一生大概就這麼完了，我將永遠被視為罪犯。我不知道自己本來期待將來要過什麼樣的生活，但絕對不會是這樣的。

媽媽進入了一種全面反擊模式，提出很多不同方案，包括送我去作心理評估。大人們開了無數次會議，但都不准我參加。最後他們為我議定了一個新的懲罰：停學三個月，每週要接受戒毒諮商，還要完成聽起來像是做也做不完的社區服務。雖然這不盡理想，至少我還應付得了。

一個月後，我坐在家後門涼台的野餐桌前，在家教老師來之前完成我的作業。我已經開始愛上在這裡做作業的感覺了——鳥兒不時歌唱，微風偶爾吹亂桌上的紙張。在這個陽光明媚、空氣流通的木造框框裡，我感到無比舒適。我在解完一題複雜的物理問題並將答案用筆圈好後，自豪地豎直背來。突然我覺得最近闖出來的禍已無關緊要了。我怎麼會跑去偷雷達探測器和賣大麻？ 做出那些事的人根本不是我，此時此刻的我才是我。

我現在的生活變得很簡單。不用去學校，不用去練習足球，不能跟朋友鬼混，無法帶女朋友參加返校節舞會，取而代之的是整天在家裡陪媽媽、做作業，或接受學校老師的課業輔導。每週還有幾個晚上在一家霜淇淋店裡打工，幫忙支付我的法律費用。

還有我媽……我媽，她醒了！她陪著我！我闖出的禍一定讓她多少嚇到了。我們每週都會花上數不清的時間一起兜風：去法律諮詢、法庭聽證會、戒毒諮商、社區服務、雜貨店購物，以及接送我上下班。在車上，她讓我聽我最喜歡的樂團——金屬製品（Metallica）。一個晴朗的下午，她居然開始跟著唱起了他們的一首歌，〈傀儡之主（Master of Puppets）〉，我樂極了。我和媽媽變成了好朋友。她終於回來了。我感覺到一股暖流從心口向外擴展，充滿全身，將盤根錯節的黑暗全數驅逐。我感到喜悅、欣慰。我終於不再是孤零零一個人了。配合著她的歌聲，我在儀表板上大聲地打起節拍來。

大學的招生傳單塞滿了信箱，申請大學的時間快到了。有天我和媽媽在車裡談論我的未來。我們已經好幾年沒有深談了，我之前也沒有真正地考慮過未來到底想做什麼。我們談了好成績的重要性，才能錄取好大學，找到一份好工作。我回想起童年從電視上得到的印象：要成為一位真男人，必須賺大錢，她講得

確實有道理，我就不加思索地接受了。

我的母親和比爾，甚至連我生父都是專攻化學的，我到至目前為止也很喜歡我上過的化學課，既然我也喜歡數學，父親建議我大學去讀化工，因為基本上就是這兩個學科的結合。我覺得很有趣，因為在這之前我都以為所有的工程師是開火車的。不管怎樣，我在一本雜誌中看到化學工程師的起薪是所有畢業生中最高的，這也就確定了我的意願，很顯然的，這是最適合我的專業。

冬天到了，也是下學期的開始，我在一月份回到學校。頭幾個月在走廊與教室之間活動時，我都覺得自己很疏離。所有的場景和人物依舊，但我卻變了，現在感覺自己像個旁觀者一樣。我無法確切說出自己為什麼感到如此的不同，卻在那年春天的一天中，我知道是哪裡不同了。一場辛苦的田徑練習後，我和一群隊友走出更衣室，儘管我的身體非常疲憊，但抬頭看著停車場對面的教學大樓，忽然對這個地方和裡面的大人充滿了感激。失去了才懂得珍惜，去年秋天被停課的那三個月讓我變謙卑了。我現在明白了人們所謂的學校，其實是給身為孩子的我們的一份禮物，我不該把這一切視為理所當然。

在練習結束後我媽通常都會來接我，但她今天不能來，我也忘了提前安排好該怎麼回家，所以我的朋友戴夫介紹了他朋友凱莉給我。她恰好住在我家附近，並提議送我一程。可是，我一坐進她的寶馬就開始覺得有點彆扭。我從來沒有坐過寶馬，更不用說坐在像凱莉這麼漂亮的女孩開的高檔車上。她的皮膚曬成健康的小麥色，散發出只有應屆畢業生才有的自在感。她知道自己是怎麼樣的人，但她的自信卻讓我意識到我對自己一無所知，也不知道此刻我該怎樣應對，這讓我在座位上局促不安。

幸好當時她播放了音樂，也和我閒聊了一下。我們的談話非常輕鬆，她既活潑又大方。從那天起，她每週都會開車送我回家幾次。不知不覺中，在溫暖的春天晚上她開始找我去吃冰淇淋，我們的關係從此萌芽，凱莉是我第一個真正愛上的女孩。

她是一名用心的學生，也是個天才運動員，她的目標是在大學當一名一流的田徑選手，而錄取她的大學正是美國國家大學體育協會（National Collegiate Athletic Association）所認證的。她自律甚嚴，充滿著正能量，這也讓她成為我最好的榜樣。紀律、專注、言行如一是她的生活宗旨，但對我來說可都是

全新的概念。我試著跟上她的腳步，向她看齊。過程中，我從她身上學到了很多，也開始對自己有些信心了。

我媽現在好多了，她和比爾也趁這機會多出去活動。平日，他們會去較偏遠的城鎮練習合唱到深夜；週末，常會造訪比爾靠近紐約州邊境的舊居。夏天時他們一走就是一週，凱莉那時會開玩笑說，她要打電話給紐澤西州當時名為「兒少與家庭服務署」的單位舉報我父母遺棄兒童。

那年夏天和十二年級一整年，我終於交到了一群正常的朋友，他們像家人一樣。我和一位叫邁克的傢伙建立了很棒的友誼，一起做了許多健康又有趣的活動。凱利上大學後，我們還是會互寄包裹，也會在電話上長談至深夜。我偶爾也會和朋友喝一點啤酒，但我們都淺嚐即止。大部分的時候我們都還算是上進的孩子，在努力取得好成績並為上大學做準備之餘，也在高中的最後一年中汲取一些樂趣。十二年級的春天，我收到了我的第一志願——科羅拉多大學（University of Colorado）——的錄取通知，便在秋天前往波德（Boulder），開始大學生涯的第一學期。

* * *

幾個月後，在一個沒雲卻帶點寒意的十月間的夜晚，我和一個名叫安瑪麗的女孩坐在福爾瑟姆球場（Folsom Field）後的台階上，聊著我們的童年和父母。雖然我們坐在山丘頂上，但我對這個女孩和我們談話的內容熱衷到幾乎沒有看到她身後美麗的波德夜景。在那一刻，全世界就像只有她的存在，她的氣場包覆著我。

我們一位共同朋友在幾週前介紹我們認識，從那時起我們就形影不離。我仍然關心凱莉，但畢竟距離她上大學已一年多了，我發現越來越難以維持遠距離的戀情。我對目前的發展感到些許矛盾，但與安瑪麗在一起的感覺前所未有，我無法抗拒。在很多方面我們完全相反：我主修工程，她在學拍電影；我來自紐澤西，喜歡金屬製品 這支重金屬樂團；她來自關島，最喜歡的抒情歌手娜塔莉·梅尚（Natalie Merchant）；我忙碌時最自在，但她喜歡靜靜地坐著；我粗

糙笨拙，她平易近人。她全身散發著純粹的愛，以至於每個與她互動的人都愛與她相處。她對我的吸引力強大到其他的一切都無關緊要。

安瑪麗在老家也有男友，但春天時我們都結束了各自的戀情。接下來的幾年，我的世界只剩下安瑪麗、學業、田徑隊。我腳步輕快地在校園裡到處穿梭。波德著名的一點就是每年有三百多天的好天氣，讓我彷彿置身於天堂。之前在中學所經歷的艱苦歲月已是遙遠的記憶，我從來沒這麼得意過。

經歷在高中被停學的那段時光後，我就抱持著一種不能把受教育視為是理所當然的態度，所以我埋頭苦讀，以表達我有多感謝父母為支付我的學費而做出的犧牲。我的學業成績反映了我的努力，能稱職地扮好自己的角色也使我深深自豪。雖然我幾乎跟不上田徑隊的其他人，但他們鼓勵著我，激發我竭盡全力試圖彌補能力不足的問題。我幫安瑪麗完成她的經濟學與數學課程，她也教我如何成為一個更好的人。我們所有的空閒時光都一起度過，這也讓我們發掘到，雖然最初我們以為我們相互引只是因為我們的差異，其實我們之間還有更深層、更有意義的共同點。

在安瑪麗兩歲時，她的母親獨自一人從關島搬到加州，這與我小時候父親搬離的經歷相似。當然，她媽媽也像我爸爸一樣有合理的理由搬得遠遠的。但無論如何，當我們年幼時，父母之中的一位都離我們遠去。此外，和我媽媽的憂鬱症相似，她爸爸在她童年的大部分時間裡都在酗酒或吸毒。她成長過程中也有一位「人在，心不在」的家長陪著。她也是在一個有著必須向外界保守秘密的家中長大的，家裡的焦點似乎永遠都是我們僅剩的這位家長。她也一直覺得自己與同儕不一樣，並在她上大學時嘗試了扮演不同的人格角色。就像我小時去當小偷、吸大麻，到成為一個認真的學生和運動員的過程一樣，她在高中後期經歷了某個事件而徹底改變了她往後的人生。雖然她所經歷的具體情況與我的不同（她並沒有因為在學校進行毒品交易而被逮捕），但這件事產生的效果幾乎相同：她被迫清醒，不得不扭轉自己的人生，必須定義自己是怎樣的人。

互相分享故事，發現彼此共同點後，我們彼此都得到了慰藉，也許我們心中最渴望的東西是一種真正的歸屬感。以前我們倆個都覺得自己和周遭總是格格不入，現在我們終於找到了一個和自己相同的人。我們之間的感情迅速加深，不久後已成為最好的朋友和靈魂伴侶，注定要永遠在一起。

45

我們的關係變得極度的熱切，在接下來的幾年裡，我跟她幾乎都在兩人世界裡生活，堅信我們倆與其他人不同。我們的關係密切到，在大三即將結束的時候，安瑪麗決定與我分手，因為她說我們關係讓她快窒息了。我不太了解她為何有這樣的感受，也無法完全接受這件事。我有那麼黏人嗎？我真的霸占了她那麼多的時間嗎？

我們開始多次的分分合合。當我們分開時，我逃避獨處的感覺，我花很多精力跟其他女生約會。我真的不喜歡一個人。童年大部分的時光，我都是這樣過的，孤獨的感覺真得難受。

隨著時間消逝，我意識到這個問題的答案是：沒錯！我有強烈的情感需求！我需要很多關注。這對我的自我意識是個沉重的打擊，讓我有些不知所措。也許是為了變得獨立一點，我在大四年的第一學期去澳洲留學，但換了環境並沒有改變我的個性，我在那裡也還是希望得到很多關注。

安瑪麗和我各用了五年的時間才完成學位。到畢業時，我們分分合合的時間將近兩年半之久了。我們分開時，她也和其他人約會，但我不認為她需要一個伴。她獨自一人時也能很自在，但她是個好對象，從不缺少追求者。

奇怪的是，這種反覆的分合循環最終讓我們的關係更加親密，也許我們必須體驗過其他的伴侶才能真的了解我們之間關係的本質。也許我們真的是對方的靈魂伴侶，即便我們並不知道怎麼定義這樣的關係，而在我們畢業前，我們都認定對方是自己最好的朋友。我被幾所不同的研究所錄取，安瑪麗決定在畢業後與家人一起住在矽谷，而我選擇去史丹佛大學讀研究所，這樣可以離她近一點。

* * *

我不屬於這裡。

教授把一面畫滿方程式的黑板推向一邊，露出沒有寫字的另一塊黑板。在他用粉筆的最後一小段快速畫出那些象形文字時，我努力試著跟上進度。其實，我

大約十分鐘前就跟不上了，我完全無法理解他現在到底在講什麼。我從大講堂中間的座位環顧一下四周，看到其他人都跟著教授的節奏同步點著頭，埋頭記著筆記。

媽的！我真不該到這裡來的。

到史丹佛讀研究所就像參加高等教育的奧運會一般，我身邊滿是一些來自世界各地最優秀、聰明的學生。在科羅拉多州，我在班上是名列前茅、以優異的成績畢業的，可是在這裡，我卻掙扎著跟上進度。

高中和大學畢業後，我都清楚知道我該做什麼、該怎麼做。只要埋頭苦幹，盡全力完成作業，總有一天會熬過這段時期的。很快的，我的生活再次變得非常簡單。在學生活動中心吃完堅果果汁的早餐後，我的日子排滿了課程、閱讀、做作業。為了償還我的就學貸款，我週五週六晚上還會在校園裡的健身房打工，檢查來健身的人的證件。這兩天的晚班時薪比平日多了一倍半，因為沒有人願意在這兩個時段工作，我倒是很樂意能多賺一點錢。安瑪麗每週都會來找我幾次，一起在校園裡閒逛或喝杯咖啡。我們的關係依舊不穩定，但我們享受能共度的時光，也能接受這種曖昧的相處模式。

我在研究所課堂上結交了一些要好的朋友，也注意到他們之中的多數人在開始讀研究所前都有幾年的工作經驗，無論是當投資銀行家、顧問，或是協助家族企業的營運。當我還在以一種抽象、純學術的方式學習時，他們已經能夠將課堂上的知識應用到現實世界會發生的情況中。看到他們從這種經驗中得到的好處，我也決定找工作機會、累積經驗。

於是，我就訂閱了史丹佛工程科學生商業協會的定期通訊（BASES，Business Association of Stanford Engineering Students），電子信箱中也開始收到一些招聘訊息。1999 年秋天，網路經濟在矽谷蓬勃發展，許多科技新創公司都設立在附近的沙山路（Sand Hill Road）。這股新創浪潮吸引了一群風險投資家以及他們帶來的上千萬資金，這些企業都積極地招聘著人才。其中一個招聘訊息來自一家名為 Confinity 的公司，他們正著手將最新的無線通信技術與密碼學相結合，以便讓人們使用 Palm Pilot VII（第一台具有無線通信功能的 Palm Pilot 掌上電腦）互相支付，他們正在尋找懂財務分析的學生來兼職，這碰巧是我的長處。點了點幾下滑鼠，我把簡歷傳了過去。

＊＊＊

叩，叩，叩！

那是個寒冷十二月的夜晚，我冷到在敲門時還得上下跳動來保持溫暖。不久，我的朋友亨力克很快就開門了。

「嘿，傑森，最近如何？」他跟往常一樣好客、平易近人。我太喜歡這個傢伙了，他是我在史丹佛大學校園裡一個宿舍區內的對門鄰居。在過去的幾個月裡，他好心地邀請我加入他的社交圈，好幫助我在學校認識更多的朋友。他正專攻他的電腦科學博士學位，對最新的無線通信技術無所不知。無疑地，他是能幫我準備明天面試的第一人選。

「我需要徵求一下你的意見。」

「當然，當然。進來吧。」

「我明天要與一家名為 Confinity 公司的執行長進行面試。」我一進門便向他說道。

「我需要了解一下更多關於無線通信的資料，還有，我不知道該穿什麼才好。」

「哦，那真是個天大的好消息！你要在哪面試？」

「我們約在霍比斯餐廳吃早餐。」

「那執行長叫什麼名字？」

我努力地回想我從這家公司所收到的電子郵件內容，「他好像叫彼得….. 彼得·泰爾 (Peter Thiel) 吧。」

「我聽說過這個名字。」亨力克往後靠在椅背上，盯著天花板後又問道，「等等，你剛說那公司叫什麼名字？」

「Confinity，他們有一個叫 PayPal 的支付服務。」此時他忽然大叫著、從

椅子上跳了起來，跑上樓梯，一分鐘後手握著一件 T 恤往下奔。

「你就穿這件！」他邊喊著邊把衣服扔給我。

我接住衣服，看了一下。令我驚訝的是，居然是一件 Confinity 的 T 恤，背面還印著 PayPal.com 的商標及標語。

「天哪，這太棒了！你從哪裡弄來的？！」

「我今天參加了一場有關電腦科學的會議，他們剛好在參展的攤位上發這件 T 恤，你絕對應該穿它去面試，他們的執行長一定會喜歡的！」

「你確定嗎？」雖然我不知道穿什麼去面試，但怎麼也沒想過只穿件 T 恤去。

「當然，」他以他特有的自信說，「相信我！這招很棒。」

隔天一早，我起床後穿上我的 Confinity T 恤，在外頭套上件夾克就騎著自行車出發了。我的背包裡裝著兩份簡歷，仔細的印在之前從校園商店裡精挑細選的特製厚磅紙上。由於我從沒見過這家公司的執行長，不太確定到了餐廳之後如何找到他——他會是個頭髮花白的長者嗎？西裝筆挺？穿這件 T 恤赴約是否是個正確的決定？

事實證明，我根本沒必要擔心該如何找到這位執行長。我前腳才剛踏進餐廳，他就注意到我。

「傑森？」一位男士問道。

「我就是。」

「嗨，我是彼得。」他和顏悅色地說，「很高興認識你。謝謝你前來用早餐。」我們跟著服務生走到我們的座位。哇！這完全出乎我的意料。他人真好，而且又很年輕，穿著也相當隨性。雖然我仍然緊張不已，但在我們入座後，我盡所能的放鬆。

當我脫下夾克時，彼得看到我穿的這件 Confinity T 恤，他覺得超酷的。他一定感覺得到我有多緊張，因為他似乎努力地讓我放自在點。他向我簡單介紹了一下他自己的背景，然後談到了 Confinity 成立的宗旨和過程，之後又描述了

49

他們未來的願景，接下來他問了一些關於我個人的問題。他對我的背景、成長的地方，也對我在科羅拉多大學與現在在史丹佛大學最感興趣的課程很好奇。交談之間，我無意間提到我在去年夏天讀了一堆經典書籍，他對我讀過的書比其他的細節都還感興趣。他想知道我到底讀了哪些書，又從中學到了什麼。我去年夏天的書單成為我們接下來所有早餐對話的焦點，他甚至連我的簡歷也沒看。

很顯然的，我讀對了書，因為那天下午我就收到一封來自 Confinity 的電子郵件，祝賀我並邀請我參加下一輪面試。一個月後，我開啟我未來三年在這間之後改名叫 PayPal 的公司服務。我的人生也從此改變了。

###

第三章

「無論貧富，若一個人贏得了全世界，但卻失去了靈魂，對他又有何益處呢？」

－湯馬仕·杜貝 《貧窮的人快樂了》

Thomas Dubay, Happy Are you Poor

2000 年 1 月

17231……閃……17234……閃……17238……

我和一群同事午休後回到辦公室，Confinity 的「征服世界）（World Donimnation Index) 指數在我的電腦螢幕上不停地跳閃著。這是個佈滿灰色小隔間的房間，另一頭有人喊道，「嘿！你們看！午休時我們又新增了七十五個新用戶！」聽到這個消息，同事們從各個隔間發出雀躍的驚喜聲。儘管我才在這裡兼職了一個禮拜，由於這個團隊如此的熱情好客，我覺得自己也參與了一件非常特別的事。團隊成員就像我高中後期結交的朋友一樣：心思敏捷，與常人有所不同——既聰明又有決心。

光是在我來這家公司的頭一個月內，風險投資家就又注入了兩千三百萬，此次的資金來自 IdeaLab 與高盛集團。用戶註冊的速度與日劇增，到了二月，我們全都覺得增加的速度已自成一股持續推進的力量。我決定從史丹佛大學輟學，好在 Confinity 全職工作。這個決定如同把自己綁在即將升空的火箭上一樣，我的人生飛入了全新的軌道。

即使是用「神速」來形容 Confinity 的進展都顯得太輕描淡寫了。畢竟，公司只花了二十五個月就從我就職時僅一萬四千名的用戶，發展到在 2002 年二月時完成首次公開募股。上市時這公司粗估市值已經達到八億美元。

整個過程中，公司經歷了與 X.com（由伊隆·馬斯克 Elon Musk 創辦營運的一家網銀）的合併、多次額外的融資、換了幾位執行長、至少改了兩次名、也多次試圖引起大銀行的收購意願。最終線上拍賣網站 eBay 於 2002 年 7 月宣布以 15 億美元的價格收購 PayPal，使得公司的市值在首次公開募股五個月後就幾乎翻了一倍，當時 ebay 也在急速發展中。 更令人印象深刻的是，這所有的一切都同時發生在 PayPal 每天為了生存，還得不停地與金融詐欺犯跟銀行監管機構角力的時期。這些大大小小的曲折鞏固了公司文化，從我的角度來看，我們是個大家庭、攜手勇敢對抗著食古不化的金融界。

在這段成長過程中，我有幸在羅洛夫·博塔 （Roelof Botha）底下工作。他是一位出色的經理，時時確保我能在第一時間目睹公司內部正上演著的許多令人振奮的事。2002 年十月當 eBay 完成對 PayPal 的收購時，我在公司的年資再過幾個月就要滿三週年了。我現在擔任財務規劃分析部的副總裁，我們的團隊負責彙整公司的績效指標，然後用該數據構建複雜的預測模型來幫助其他部門團隊作未來年、季度的規劃。那些年裡我學到了很多東西，也和許多非常有才華的人一同工作、密切合作。有為數不少的人在 eBay 收購完成後離開，尋找其他指標性的科技公司，包括 YouTube，LinkedIn，Yelp，Yammer，Palantir Technologies，Tesla，SpaceX ，以及最近的 Affirm。事實上，這批從 PayPal 離開的員工後來有許多成為業界的傳奇人物，甚至被封上了「PayPal 幫」的綽號。

隨著 PayPal 的增長，我手上持有的股票期權的價值也水漲船高。雖然不像創始人和資深員工有著數百萬美元的獲益，但卻積累了比我想像中遠遠更多的財富。這筆錢首先用來償清我在史丹佛讀書時的學生貸款，然後在加州的山景城 (Mountain View) 買了人生第一幢房子．那裡離 PayPal 的新總部不遠。

我的自信心——也可能是內在自我——隨著資產同步增長 。我解鎖了成為一個真男人的第一個條——賺大錢。下一步，該在汽車與女人這方面努力了。

* * *

2002 年 9 月

一個寒冷的秋天早晨，我和安瑪麗在科羅拉多州波德市的肖托誇公園（Chautauqua Park）散步，腳下滿是落葉。我在 PayPal 工作幾年後與她重溫情侶關係，不久，她搬到洛杉磯從事電影工作。這樣的相處模式很適合我們，因為我在 PayPal 每天的工作時間很長，平日一點空檔都沒有，我們會在週末約會，盡可能的享受這種相處模式。

在 eBay 收購 PayPal 之後，我在公司的工作職責變得沒那麼緊迫了，我提議安瑪麗某個週末在波德見面，調整一下情調。「當然好！」她爽快答應。安瑪麗總是喜歡嘗試新鮮事物。

我們沿著一條熟悉山路往上走。回頭望去，我們發現從地平線緩緩溢出的光輝，因此加緊腳步趕到終點——一塊大岩石——我們要坐在上面欣賞日出。我們邊走邊笑，回味著大學時光。

「還記得那時……？」我們其中一個問道。

「天啊，那真是太搞笑了！」另一個回答。

這時我們都才二十出頭，實際上已經共同度過了三分之一的人生。我們曾是戀人，也是朋友。我們一同笑過、哭過。在大學期間和隨後幾年的許多人生曲折中，我們一直是彼此的伙伴。我們對彼此的理解是無比深刻的，這種感覺無法付諸言語。儘管如此，我還是在這個特別的早晨緊張到胃痛。當我們轉身面對地平線並肩而坐時，我心中非常忐忑，以至於無法專心談話。

我們恰好坐在八年前我們第一次約會時，我初次開口問安瑪麗是否可以親吻她的地點——在這塊岩石上。那天晚上她拒絕了我，希望這次我的運氣會好一點。

多年來的經歷，我終於知道自己要的是什麼了，但是我不確定她是否有也同感。幾年前我就已經準備好進行下一步了，只是那時後她以她一貫優雅的方式暗示我她還沒有準備好。儘管我這時還是有些不確定，內心卻感到有種動力督促著我，或者說是在引導著我。無論如何，我已經等不及了。我完成了高等教育、開始了成功的職業生涯、賺了些錢、也買了房子。我正一磚一瓦地為我未

來的生活奠定基礎。我希望在未來的旅程中身旁有個人陪伴，而我已確定永遠不可能遇到另一個像安瑪麗一樣的女人。

雖然我表現出滿滿的男子氣概，但心裡深處清楚自己仍舊是個小男孩。另一方面，安瑪麗比我要成熟得多，她的深度、智慧和優雅讓她能直接撫慰一個人靈魂深處的痛苦。這就是為什麼與她互動的每個人都想待在她身邊，她對周圍的人們散發安全、美好和被愛的感受。這些我也感受得到。她的勇氣激勵著我，我喜歡她堅定的精神。在她身上，我看到了我非常希望自己──或是至少在我的生活中──也能擁有的特質。我們的能量融合時，感覺實在無比完美。

當太陽即將升上地平線時，我站了起來，轉身，單膝跪落，從安瑪麗臉上的表情，我看出她有點吃驚。我的信心開始動搖了，是我自作多情嗎？這怎麼會在她意料之外呢？但我沒有時間考慮這些問題，我手裡現在正緊握著戒指盒，已經勢不可擋了。

我一生中從未有如此怕受傷害的時刻，我嚥了嚥口水，試圖緩一緩自己的情緒。

我打開盒子將戒指放到她跟前，告訴她我有多愛她，然後問她是否願意嫁給我。

她直視著我說，「我願意！」

在那一刻，雖然我不確定她是不是純粹仗著冒險精神而說願意的，但這一點也不重要了，也許我們倆之間的發展在此時只有勇往直前的選項了。無論如何，我們做出了這個決定。

我們相互擁吻，兩人融為一體。太陽現在已升起，這是新的一天，也是我們人生新的一頁。

＊＊＊

和安瑪麗訂婚十一個月後，在八月某個星期六上午我徒步走到辦公室，舊金山著名的大霧濃濃的籠罩了整個金融區。今年稍早前，我和安瑪麗都開始了新工作，並搬進了附近的一棟大樓，一同享受著大城市裡的生活步調。

電梯門在四十二樓打開，我一踏入公司就透過辦公室的玻璃牆看到彼得正坐在那裡讀雜誌。他抬頭向我揮揮手，又轉向正播著彭博新聞的螢幕。我一點也不介意他自顧自的做著自己的事，因為我來這裡只是想完成昨天沒做完的報告，之後我還得前往希爾茲堡 （Healdsburg）跟安瑪麗會合。她昨晚開車到那裡與她的家人共度週末，並繼續在那裡的釀酒廠策劃我們的婚禮——離大喜的日子只剩兩個月了。

幸好安瑪麗很認真的花時間籌備我們的婚禮。我的工作實在太忙了，沒時間想別的， 更別說參與婚禮的計畫。其實我們之間常開玩笑說，安瑪麗正在籌劃自己的婚禮，而我只是恰好在邀請名單上而已。聽起來有點好笑，但又有點刺耳。每當這笑話一出，我們的笑聲便參雜著不安。我能感受到她對我付出過少而失望，我也為自己有限的貢獻感到內疚，只好搬出多年來從電視、電影和社會中不斷得到的男女關係刻板印象來緩解我感受到的內疚。這不就是新娘一生中最重要的一天嗎？我正在努力賺錢好支付婚禮的費用，這就是男人應扮演的角色，對吧？腦中有另一個聲音附和著我：是的，傑森，你所做的都是正確的。

我撇開這些思緒，打開電腦開始工作。

我在彼得‧泰爾的避險基金 Clarium Capital 任職首席財務長。在 eBay 收購 PayPal 後不久，PayPal 頂端的管理團隊很快就分道揚鑣。但我想彼得可能是第一個離職的，當時他三十五歲，立志要在 四十歲前成為億萬富翁。在 PayPal 之後，他有了一個不錯的開始，但如果要在短短五年內達到目標，他還有很長的路要走，時間也有限。

連我總共六個 PayPal 的前員工跟隨他到了 Clarium，與他之前在 PayPal 時所結交的一些生意上的朋友，一起著手幫他建構自己的願景。他開頭就做了兩件事，我後來才發現這是他著名的手段：他給我們的頭銜和責任反映的是我們的潛力，而不是我們目前的能力。他所採用的薪資制度很慷慨，使勞資雙方互利、合作得更密切。這個做法也確實奏效了，我們所有人都夜以繼日地工作以確保公司迅速起飛，但沒有人比彼得更投入。

報告完成後，我向彼得揮手道別，就前往停車場。 一輛法拉利正等在那裡，等著陪我沿 101 號公路開一個小時去會見安‧瑪麗。我的車是 1985 年式的 308 GTSi、火紅色、有著棕褐色內飾、狀況和新車一般，和我小時最喜歡看的

電視劇中，所仰慕的湯姆謝立克 Tom Selleck 於《夏威夷神探》Hawaiian 5.0 一劇中所開的那輛車同款。它花了我三萬五千美元，這對我來說仍然是一大筆錢，所以我很珍惜它。

走近它時，鮮紅色的烤漆吸引著我，一坐進去，我便被陳年義大利皮革的氣味給包圍了，讓我深深被座椅包覆著。它不僅僅是一輛奔馳之車，也帶給我所有的感官刺激。

穿過城市後，我飛馳過金門大橋，引擎在我身後隆隆作響，很快我就抵達了馬林 (Marin County)——一個能使舊金山霧氣消散，讓加州的陽光從藍天中灑下來的地方。我到了另一個境界，我終於到了。我有錢、有女人、有車，一切都很完美。

* * *

大喜之日子終於到了。我分不清自己到底是緊張、害怕還是興奮，或者全都有，但也許我只是個騙子。穿著這件租來的燕尾服，我應該要準備好做個迎接他的新娘的男人，和她一起開始嶄新的生活，但我卻不覺得自己像個男人。怎麼會這樣呢？我做到了大家都說我應該做到的事，我到底什麼時候才會覺得自己像個男人呢？

環顧四周，我對這次活動的水準感到驚訝，每個細節都經過精心策劃，我一時很難消化這一切。某處傳來的音樂聲，將我拉回了現實。安瑪麗出現在紅毯的另一端，一隻胳膊挽著她的生父，另一隻胳膊挽著她的繼父。她如此的容光煥發，以至於時間好像靜止了片刻，突然間我以一個過去九年來從未有過的方式看著她。她像個皇后，博學多才，她那優雅的氣場籠罩著我與兩百名賓客。當她走向禮壇時，一股恐懼快把我淹沒，我開始坐立不安。我還是不確定我到底是怎樣的人，但我知道我可不是個國王。我配不上這個女人，在座的每個人總有一天會發覺這一點的。當她看著我時，她的眼神告訴我她已經知道我的歸宿，這一切都是我們共同旅程的一部分。當我牽起她的手時，彷若借了一些她的勇氣，讓我站直了起來。

當我說出我的誓言時，我開始感覺我們就像在一條河的上游，在午夜裡一起踏上一條小船。雖然我們知道往後會有曲折、會有激流，甚至可能有瀑布，但我們無法預料它們會在哪裡出現，而且船一動，就無法停止。當輪到她重複誓言時，我能感覺到她也有同樣的感受。現在已經沒有回頭路了。至此情緒已經無法阻擋了，她開始哭泣，也因為她的氣場籠罩著現場所有人，大家都感受到了她的情緒，我看到觀眾中有許多人開始在拭淚。儀式結束後，我們接了吻。在那個吻中，她告訴我：「我們從現在開始一起往前走，波特諾伊。就你和我，我們不會有問題的。」她無所畏懼，非常的英勇。我讓她把更多的勇氣注入我的體內，接受了她的挑戰。我們得一起往前走，現在就開始吧！

婚禮當天的每一個環節幾乎完美無缺，包括我們的家人和朋友，食物與音樂。我們接受了司儀的建議，兩人盡可能待在一起。原先的恐懼逐漸被我們對即將一起要展開的冒險的興奮所取代，就像大學初期一樣，又變成我倆一起與全世界對抗，我們準備好了。

而永遠都有更多的冒險等著發生……

在度過了美好的蜜月之後，我馬上回到 Clarium 埋頭苦幹。彼得像點石成金一般，公司第一年的回報率就極高。當安瑪麗和我看到年終獎金的數字時，我們簡直不敢相信。雖然第二年比較沒那麼令人興奮，但在第三年公司再次火力全開，我們所管理的資產大幅增長，彼得在投資上賭對了。第三年時，我的總獎金超過了我從 PayPal 股票期權和 Clarium 獎金中所賺到的總金額。這是一筆龐大的意外之財，但同時也讓我有點迷失了方向。

到目前為止，我一直很坦白地告訴父母我與安瑪麗的經濟狀況。他們以我們為榮，我也很自豪，但隨著財富的漲幅，我發現與他們分享好消息越來越難，他們努力工作一輩子，也從未得到這樣的財務報酬。我開始感到內疚，我父母開始開玩笑要我買東西給他們，但不知為何，這些笑話聽在耳裡都不太幽默。

有次，我爸爸說，像我這樣事業成功的兒子，應該樂意幫他償還他還在背負的學生貸款。這提議讓人感到挺尷尬的。老爸，為什麼你不能單純的為我高興？為什麼要將焦點轉回自己身上？但這種態度讓我感到有點矛盾。安瑪麗和我談過，我們都沒有碰過這樣的情況，也沒有能指點迷津的長輩，我們意識到這是一個必須自己解決的難題。最後，我還是寄了一張支票給我爸爸，以減輕我

的內疚感。

在彼得的財富與名氣蒸蒸日上的同時，我的工作也變得複雜許多。我們開始為他建立一個家族辦公室，讓他更有效率的管理一切，這也由我主導。我們推出了創始人基金來正式確認他的風險投資，我成為該基金的第一任首席財務長。Clarium 的資產與員工人數持續擴大。

有一天我醒來時，忽然意識到我居然有三種職位，但卻沒有一份是我特別拿手的，而且每份工作對我的要求都越來越高，我邊作邊學。說實話，我快不行了，但我不想讓其他人知道，我依舊賣力試著跟上該走的步伐。到了在 Clarium 的第三年尾，我經常是晚上和週末都還在工作。即使人不在辦公室，我仍盯著手機或埋首在筆記型電腦裡，但這還是不夠，我的進度越來越落後。

不出所料，無時無刻的工作逐漸對我的婚姻產生影響。在全天候待命三年後，我在我們的關係中比較像個遊魂，而不是生活上的伴侶。雖然安瑪麗和我每個月都會有兩到三個週末去希爾茲堡與她的家人團聚，但大部分時間我都待在附近的一家咖啡店裡工作。到最後我覺得在咖啡店也無法增加工作效率，於是我就留在城裡工作，讓她獨自前往希爾茲堡。我說服自己說，我們倆逐漸累積的財富就足以證明此時的犧牲是合理的，但也都心知肚明有些事不對勁。

一個星期六早晨，我被金門大橋上的霧笛聲叫醒。安瑪麗在希爾茲堡，而我今天打算像往常一樣去辦公室。當我躺在床上盯著天花板時，一種新的感覺開始湧入我的身體——挫折。我對這感覺的出現感到有些疑惑。挫折？在這？在我身上？ 這不是我所習慣或想有的感覺，但一旦它出現，我就無時無刻感覺得到。我在工作上失利了。現在，我也辜負了安瑪麗。

我現在的把戲就只剩一招。只要有不舒服的感覺進入我的意識，我就立刻將它掩埋，或逃得遠遠的，要不就兩者都有。這是我小時後學到的一種反應，到目前為止都很管用。看看我現在的生活，很棒，不是嗎？至少今天早上之前我都感覺很棒，但一時之間我卻不太確定它是否真的那麼棒了。此時我又聽到腦海裡的聲音向我說道：你沒有時間這樣，不要為自己感到難過。如果你想成為一個有錢的成功人士的話，趕緊振作起來然後去辦公室。因此我把這不適感推到一旁，盡責地聽從這個指示。

不幸的是，我不久後便發現在工作上，不論我再努力也無法彌補經驗上的不

足。Clarium 發展得太快了，現在團隊的其他成員也發現我落後了。彼得採取了必要的步驟，將公司的一位頂級交易員提拔為營運長，並將我降到較低的職位。他知道我很難接受這件事，也向我保證他和整個團隊都重視我的貢獻。出於不想面對自己的挫折感，我說了一些失格的話，但他選擇不介意。我們都知道其實這是最正確的決定。

這段經歷讓我非常傷心，也迫使我必須更加省思自己的生活。我被快速的「成功」所吸引，以至於目光短淺。現在我抬起了頭，從更寬闊的角度檢視我的生活。不再專注於螢幕上，接著我開始問自己：這真的是我想要的工作嗎？ 我真的想和安瑪麗如此逐漸疏遠嗎？

我對這兩個問題所給出的答案都是響亮的「不！」

* * *

幾個月後，2007 年的春天，安瑪麗和我坐在廚房裡自宜家家具買來的小桌子旁，吃完晚飯後喝了點酒，我們正欣賞著自己剛粉刷好的裝飾牆。這顏色叫墨西哥城黃色，它讓我們感覺如此有見識。過去幾個月我縮減了花在工作上的時間，和安瑪麗在一起相處的時間變多了，因此這一刻真的感覺多麼的溫暖而美好。「我想多去旅行。」她盯著黃色的牆壁說。

「我也想。」我回答後看著她。我們安靜了一分鐘，整個房間都充滿了有關這件事的念頭。

我過了一會後又問，「那妳想去哪？」

「哪裡都好。」她輕聲說，聲音裡帶著渴望，「每個地方。」她補充道。

「每一個？」

「是啊。我想去各地走走。」她轉向我，並注視着我。

「哦，所以妳想……環遊世界是嗎？」

「是啊！那不是件很棒的事嗎？」她的聲音越來越興奮，但我已經開始對離開自己熟悉的工作這件事感到緊張。

「這得要多久的時間？」

「我也不知道，」她漫不經心地說，「一年吧？」

我忽然睜大眼睛，差點把酒吐出來，「一整年？！」

「是呀。」 她笑著喝完了酒，然後補充道，「你到底算不算個男人呀，波特諾伊？」

我用力吞了一口口水。我們倆都知道，我從來沒有像安瑪麗這麼勇敢過。

「那……六個月如何？」 我提議。

她慢慢地點了點頭後說道，「可能行得通。」

我們就這樣做出環遊世界六個月的決定。感覺很瘋狂，但也像我們會一同做的事情，我們雙方都想念一起相處的時光。在接下來的幾個月裡，我們制定預算、確定要去的地點，並安排好機票。我告訴彼得我想離開 Clarium 後，他協助安排我在他自己最有前途的投資組合公司之一，Palantir Technologies 任職第一任的財務長。但他們此刻還用不到財務長，所以執行長亞歷克斯・卡普 (Alex Karp) 建議我在八個月後才開始上班，恰好與我和安瑪麗的旅行計劃吻合。

安瑪麗也向公司順利請假後，我們轉眼間便坐在一架向西飛越太平洋的飛機上，對即將到來的冒險充滿期待。一切都如此的完美。我們倆，再次漂浮在雙人世界裡。

＊＊＊

一年後的一個夏日早晨，我來到位於加州帕洛阿爾託（Palo Alto）的 Palantir Technologies 辦公室。我今天一大早便從舊金山開車下來，把今天要和亞歷克斯討論的財務模型做最後的修飾。我的辦公室風格極簡：只有一張

桌子、一把椅子和一台電腦，但這不是問題。從一月份來到這裡以後，我忙到沒有時間擔心其他的事。

仔細核對數字後，我往後靠，欣賞著自己的大作。為發展迅速的矽谷初創公司建立這種模型已經成為我的拿手技能之一。從我在 PayPal 經理羅洛夫那學會這門技術後，已經做了無數次。我為自己的作品感到自豪，並對自己的能力充滿信心。任何有關我有可能在工作上失敗的想法都已成為了模糊的記憶。

安瑪麗和我從去年十二月的環遊世界旅行中回來後，精神煥發、重新鞏固了感情，也都準備好重新投入我們的職業生涯。我們的旅行實在太美妙了，出這個主意的她真是個天才。雖然當她第一次提出這個想法時，聽起來是如此瘋狂，結果證明，這趟旅程正是我們自己個人與婚姻都需要的。我在婚姻中不再失敗了，這帶給我另一種自豪。

就像野火一樣，Palantir 這家公司正在快速的擴充。去年年底，公司完成了金額遠高於上一輪的一筆融資。Facebook 已經算是矽谷寵兒，所以當融資的消息傳出後，Palantir 便被視為彼得・泰爾的「下一個大突破」。許多年前，我和安瑪麗將我從 Clarium 得來的獎金中的一大部分都投資到 Palantir 裡，因此最新的估值使我們在帳面上賺了大錢。但這不僅僅只是錢而已。幾乎在一夜之間，作為 Palantir 的一份子就像是在矽谷的次文化中成了一位稍有名氣的人。更多的驕傲油然而生，而後很快地我就發現當我穿著印有 Palantir 字樣的運動夾克在城裡走動時，我走路也有風了。

我現在正處於雲端頂處，從外面看起來我的生活十分完美。史丹佛大學、PayPal，現在又是 Palantir 的財務長。我擁有事業上的成功、財務上的成功、一位了不起的妻子、一輛豪華的汽車。我的朋友們不停地祝賀我，我的父母以我為榮。我無疑是做了所有正確的事情，這樣故事怎麼會有什麼問題呢？

但事實證明，還是有很多事不對勁。我從來沒有真正擺脫過我童年養成的一些習慣和應對模式。早在小學時，我就養成了兩種性格面貌，面對外面世界一直假裝我生活中的一切都很好，雖然事實並非如此。這雙面人的生活方式延續到現在。在無法面對某些情緒時，我還是會試著引人注意或尋求刺激的活動好讓自己分心。成年後開始工作時，我已經成為一位能邊假裝一切都無比美好，同時盡情製造混亂的高手了。

因此，我無法很從容的應對我目前的成就，因為我根本沒有一個結實的基礎讓我做到這點。相反地，我因為很年輕就賺到大筆的財富，我就產生了一股快感讓我以為我是所向無敵。 但是，同時我，又因無法與任何人談論這件事而感到孤獨，這一切混合起來之後便創造了一種令人困惑的情緒。因此，我只好以我唯一所知道的方式處理這種情緒，讓自己分心，變得更虛偽。

我在白天擺出一副「一切都多麼地美好」的假象供世人觀看，而我的另一個自我卻在黑夜中不停奔波。這微妙的平衡，連安瑪麗都察覺不到，而我多年來一直保持著如此。從大學起，我的秘密就開始累積，到最後數量多到，我的另一個自我在其中能過著完全與現實分離的生活。

###

第二部

在黑暗中摸索

第四章

「每個人都和月亮一般，有著不願示人的一面。如想目睹這一面，得從後方繞去。」

—馬克吐溫

Mark Twain

1996 年 11 月

我在科羅拉多州波德讀大學時的寢室裡，那是我和朋友合租的一幢房子，位於校園的北側。我大三，正在修第一門化學工程的專業主修課程。這堂課比之前所修的任何課程都來得要難很多，難怪化學工程師的起薪這麼高，真他媽的難如天書啊！我埋頭苦讀，學習全新概念。

完成一項漫長的作業後，天已黑了。在這之前，我時常在電腦室通宵趕作業，但在我把爸爸替我買了一台帶有數據機卡的筆記型電腦後，我現在可以在家裡完成作業。奮力打完作業後，我上網放鬆一下 ，打開了平時會上的雅虎主頁後，我點擊閱讀一些有意思的頁面，之後我注意到一些提到「辣妹」與「比基尼」的頁面。點擊幾次後，我來到一個整齊地排列著眾多不同色情片的網站，上頭陳列著數十種不同類型的色情片：金髮美女、三人行、性虐待……多到我幾乎無從選起。

我好奇的點擊其中一個分類，被帶到另一個頁面，上面又有數十個排列整齊的連結。點擊了其中一個後，一張女人幫男人口交的照片在幾秒後彈出。

「天啊！」我情不自禁驚嘆道，接著快速的轉身確認房門有沒有關上。在這之前我從未接觸過情色方面的東西。 我小時候有一次我跟朋友在他父母衣櫥裡發現了一堆黃色雜誌，雖然我們翻閱了一下，覺得十分好笑，但不久後我們就去做更有趣的事情了，像踢足球和滑滑板。在這之前，我從來沒有接觸過色情

69

片，但我知道在男人的世界有個不成文的規矩：每個男人都知道其他的男人在看色情片，但可不能被別人看到你正在看這種東西。至少這是我多年來從電視、電影、雜誌和其他男人那裡得到的經驗。看色情片是全天下男人都會做的事。男人本來就應該賺很多錢、開跑車、摟著美女、看色情片，這不是常識嗎？

我轉身再度盯著螢幕，震驚地凝視了一分鐘，也許比一分鐘還要長點。點擊返回鍵，然後再點擊下一個連結。天啊！這裡正在上演的事好像電流穿過我的全身。我真的不應該這樣做。我點擊下一個連結、又一個，點擊返回鍵兩次，我探索了其他的分類。

哦，天呀！我的內褲裡有種異樣的感覺。持續點擊這些連結的同時，內容很快便撩起了我的「性趣」。慢慢地，整個房間都消失了，視線裡只有我的電腦。就像我小時候看電視時，我又再次消失在螢幕裡了。

* * *

在接下來的數月與數年裡，整個網路的色情世界在我眼前展開。當安瑪麗和我在 2007 年底結束環遊世界旅行時，我已經三十一歲了，當時已經累積了十一年邊看線上色情片，邊手淫的經驗。我天天看，雖然偶爾有幾天不看，但有時可能因無聊或壓力大，我一天會看好幾次。我當然意識到這是一種習慣，但並不覺得它有什麼大不了的。我是個成年人，看看色情片只是一種抒發壓力的方法，對吧？

人生繼續展開，但每次邁入成功人生的下一階段時，附加在我身上的壓力與期望越來越重。一開始是在大學時想取得好成績的壓力。後來去史丹佛大學讀研究所，面對的壓力倍增，接下來在 Paypal 時，我的壓力又再次加重。我在 Clarium Capital 所面對的壓力已經不只是一種使人困惑的孤獨感，不再只是因年輕快速致富所帶來的不知所措，甚至也不完全是來自扮演好丈夫角色的新壓力。

隨著公司的不斷的發展與增值，我奮力試著要趕上越來越多的責任，但從各

個方面蜂擁而至的壓力讓我掙扎著。來到 Palantir 以後，更高的薪水與更高的頭銜，意味著老闆和同事對我也有著更多的期望，來自員工、父母、安瑪麗、我自己及整個社會的期望也越來越高。附加在我身上的期望多到數不清，為了滿足自以為是每個人對我所抱持的期望，壓力大到不行，以至於我開始喪失自我。

在這種處境下，色情片成了我的避風港，一個可以讓我消失的地方。螢幕上的女性對我沒有任何期望。當我在黑暗中和電腦獨處時，整個世界都消失了，我可以假裝整個世界都無關緊要，沒有人對我有任何期望。我可以在這空間中獨處。然後，在高潮的最後一刻，我感到麻木，對世界麻木，麻痺著我從小到大都一直在掩飾和逃避的不適感，對成年後的所有壓力和附加於我身上的期望麻木。

我逐漸陷入了這個循環裡。而且，因為色情行業非常龐大，網路上能看到的色情內容基本上是無限供應的。我很輕易地將這件事合理化——其他男人一定也都在看色情片。這是很正常的，是男人都會做這件事。有些人會看電視來逃避現實，另一些人則看色情片。但儘管我認為這是再正常不過的事，卻從未告訴任何人我有這個習慣。我一向都隱藏著這件事，這是我的一個小秘密。

隨著我看色情片的口味越來越重，童年時期同時操作兩種平行生活的訓練此時派上了用場。我知道如何保守秘密、怎麼撒謊。年幼時，家中的日子一直讓我感到憤怒、無助與孤單，但我也有著跟朋友相處或上學的時光，我從中學到我該說：「一切都很棒，我們一起開心玩耍吧！」

當時，我的生活分成兩個時間——看色情片的私人時間，以及面對其他一切壓力和期望的時間。有一次，在大學後期，我試圖架起這兩個世界的橋樑。那時候我和安瑪麗重新又彼此確認關係後，我問她是否願意和我一起看色情片，她不情願地同意了。色情片不但對她毫無作用，她還說她永遠不想再看了，並且說她認為我在螢幕上看著其他女人和對她不忠沒兩樣。所以，我向她保證我不會再看了。但其實，那時的我只是接受了這兩個世界無法合一的事實，並決定將其中一個隱藏起來。

在那之後，我把看色情片完全隱藏起來，打算此生再也不和安瑪麗談這件事。隨著歲月流逝，我一直無法向安瑪麗坦誠我還在看色情片。這件事為我的成年

生活帶來了兩種新的強烈感受——內疚和慚愧。我內疚，因為我向她撒謊；慚愧，因為我知道不該這樣做。壓力和期望、內疚和慚愧，總之，它們全混合成一種強大的情緒。

那時還不明白，對我來說，色情片等於是種毒品，和任何毒品一樣，使用的次數越多，它對我的索求也越來越多。當我在大學裡第一次開始看色情片時，所用的是撥號式數據機，數據傳輸速度非常慢，每張照片的品質很低，下載時間很長，因此我在特定的時間內所能接觸到的色情內容是有限的。但隨著科技的進步，下載速度提高了，因此出現在我螢幕上的照片品質和解析度也同樣提高了。這些網站接著開始提供一些短片，不久之後，只需點擊一個按鈕，即可無限瀏覽高解析度的色情長片，甚至帶有音效！只要點幾下滑鼠，就可以馬上看到讓人身歷其境的色情片，感受多巴胺釋放的強烈快感，哇！。

每天在我關上房門後就上網、消失、麻痺自己。回到現實時，一陣內疚和慚愧像一堵牆般，將我壓的喘不過氣來。此時我必須努力的強迫自己面對生活中的一切，直到下一個我能再次消失的時刻。

很久以後，我才知道大腦中的感受器很敏感，無法承擔這種長時間持續的刺激，更正，是過度刺激。每過一段時間，我的大腦對色情內容和高潮時所釋放的化學物質不再敏感了。一段時間後，靜態的影像對我不再有同樣的效果了。當短片出現時，它們不僅僅是不錯的新選擇，沒有了它我就無法再感受到我以前能夠從圖片中得到的那種興奮。然後，這些短片也不足以讓我興奮了，我得找長片來看。不幸的是，有一天連高解析度的影片也無法滿足我了，我需要更猛的了。

＊＊＊

那是 2002 年一個暖和的夏夜。PayPal 在幾個月前上市之後，股價不斷攀升，雖然我手上的期權目前仍是紙上富貴，但首次公開募股後的禁售期將屆，到時後我就可出售一些持股。這感覺挺棒的。我開著車沿著 101 號公路從山景城前往舊金山，看到機場明亮的燈光從右邊滑過，我開的小貨卡並不花俏，但卻

很實用，功能應有盡有。我沒有開音響，因為現在興奮到音樂全成了雜音。隨著城市愈來愈近，我的思緒也轉得越來越快。她到底長得怎麼樣？會發生什麼事呢？我獨自去一個陌生女人的公寓安全嗎？

此時安瑪莉的影像浮現在我腦海裡，但我很快就將這個想法拋出腦外。過去六個月來她都待在洛杉磯，況且只要她不知道我的行為，她就不會受到傷害。我察覺到這些想法實在有夠冷酷無情的，只好快快把它們拋到九霄雲外。我正在追求我想要的，這是我所應得的，沒有什麼能阻止我。

在安瑪麗去了洛杉磯之後，我大部分的時間都單獨一人。截至目前，因為長期不停加班，我和大部分的朋友都幾乎不再聯絡了。協助 PayPal 發展到能夠上市的過程消耗了龐大的時間，而當時網路、虛擬私人網路還不普及，所以大部分的工作都得在辦公室裡完成。常常晚上離開辦公室時，我只剩下幾個小時能睡覺、洗澡，隔天一大早又得回到公司。但是在首次公開募股完成後，忽然間我的工作量回到了合理的範圍，我清楚記得有時候在正常時間下班離開辦公室時，居然不知道該做什麼好。

我開始在傍晚時分玩起足球，又替自己買了一輛遙控車，重拾兒時的嗜好。晚餐後，有時後會看場電影，更新自己個人的財務報表或讀點書。但每晚還是無可厚非的會坐到電腦前，在睡前看 A 片，可是這也開始變得有點無趣了。有天我忽然發覺公寓的租約即將到期，當晚就上了一個名為 Craigslist 的分類廣告網站找下一個住所。打開主頁後，我看到一個以前從未注意到的分類，叫做「偶遇」（causal encounters)，聽起來很有趣，使我禁不住仔細地查看了一番。讀了一些廣告後，我很快就明白「偶遇」其實是一個供人們刊登約炮廣告的地方，其中，許多廣告都號稱「沒有附加條件」。盯著螢幕時，我的脈搏加快了，我體驗到一種前所未有的興奮感。

當我把小貨卡在一處陌生的住宅區停好，走向一個陌生人家的門口時，我再一次體驗到這股興奮感。我按了門鈴，她迅速的應了門。「你好！」她顯得活潑好客，「進來吧。」她和她家的擺設都散發著波西米亞風格。地方很小，煙霧繚繞，十分有藝術質感。當她走過房間，經過一張擺滿照片和剪報的桌子時，寬鬆的衣服在她身上飄逸著。突然間，我覺得在科技公司和金融界的生活竟是如此呆板枯燥，一點意思也沒有。我覺得格格不入，花了一點時間才適應過來。

「坐吧。」她指著沙發。

「介意我來點葡萄酒嗎？」她似乎都準備好了，比我還鎮定。我看了一下大門，心裡想著，現在離開還來得及，但我卻不知為何止步了。

「葡萄酒聽起來棒極了。」

我在沙發上坐好的同時，她拿出一瓶酒打開。

「今天過的還好嗎？」她邊問邊將酒杯遞過來。她在沙發的另一頭坐下的同時，我忽然意識到這是她狹小的客廳內唯一的家具。

我們的對話一開始很尷尬，但過了一段時間、幾杯酒下肚後，緊張的氣氛緩解了，彼此的互動變得更加自然了。過不久，她透露其實自己不只是想約炮，她是一個有抱負的青年藝術家，正在尋找一個願意替她支付房租的人，好專注在自己的藝術創作上。這個人可以每週找她「尋歡」幾次作為交換。

我跟她說，很抱歉，我無法包養她。此話一出，我就感覺出她開始對我失去興趣了。不過，這不算什麼，因為在我們交談，相互認識時，我意識到我其實一點也不在意她。我開車來就是為了打炮，假如無法打砲，那我還留在這裡幹嘛。一下子，我的心思拉遠看著我們，我們看起來像兩個假裝成熟的孩子，在做自以為大人會幹的事。

我們繼續聊天，喝了一會兒酒。奇怪的是，就當我準備離開的時候，她卻決定說我們應該進到她的臥室，因為「你為了這檔事開這麼遠到城裡來。」她把燈光調暗，我們走向她的臥室。這種奇特的體驗有點超現實，或許是因為我們都認為以後不可能會再見面了。也許是因為我無法描述現在感受：是「無法置信這好事終於發生了」還是「我他媽的到底在這裡做什麼？」

回頭想想，第一次約炮最令人興奮的不是性，而是上床前的那些過程：在我們通電子郵件時和開車入城時的期待感；在沒有告訴任何人我要去哪裡的情況下造訪一個陌生女人公寓的危險感；還有我們是否到底會不會發生關係的不確定感。這所有的感受都比性行為本身有著更大的影響。當時我還沒有想通這件事為何給了我這樣的快感，只知道它讓我很來勁，以至於我開車返家時，立志要加倍努力的上 Craigslist 網站回點廣告。這個現實生活的體驗比邊看線上色情

74

片邊手淫要來的刺激得多了。我還要！

一個月後，我約了第二炮。這次，我在 Craigslist 上刊了自己的廣告，在幾個回覆中選了其中一個、安排在我公寓附近的一家平價餐廳見面，這樣我們可以先小酌一下，了解對方。見面前的幾天、幾小時裡，我心中充滿著同樣美好但又焦慮的期待感。但在這次約砲結束時，我卻一點興奮感也沒有，反而感覺很糟。

接下來的一週，我麻木地完成公司所有的工作，思緒遠遠掛在別處，吃飯時我只能將食物在盤子內推來推去，完全沒有食慾。我愛安瑪麗，也想念她。不告訴她我還在看色情片是一回事，但偷吃卻是一種完全不同的背叛。我告訴自己我再也不會再這樣做了，而我也沒這樣做，至少有一陣子沒有。

* * *

差不多一年後，就在我們舉行婚禮前幾個月，一天晚上我自己一個人又坐在電腦前，再次瀏覽著 Craigslist 上的廣告。安瑪麗和我現在住在舊金山。她已經入睡了，而我得熬夜完成一些工作。當然，完成工作事項後，我會看點色情片。不知道為什麼，當晚我又回到了 Craigslist。和之前一樣，我在數月內和兩個不同的女人碰面。見了第二個後我開始覺得反胃，更重要的是，我覺得我開始喪失了自我控制。這時，我首次向我最好的朋友提我做了什麼事。現在回想起來，我意識到我會這樣做其實是想求救。跟上次一樣，我對自己發誓不會再犯了，但我到底何時才會學乖呢？

兩年後，我發現自己躺在床上，盯著天花板。舊金山天際線的柔和光線透過臥室窗戶的小百葉窗灑進來。安瑪麗躺在我的左邊，背對著我像胎兒一樣蜷曲起來，這是她典型的睡姿。幾分鐘前我們剛上床互道晚安，房間裡仍然聞起來像她晚上沖澡後擦的護膚油，雖然我不知道是什麼味道，只知道聞起來很香。

她不可能這麼快就睡著了，我朝她的方向滾去，將手放在她的肩膀上。她一動也不動，我輕輕的撫摸著她的手臂。

75

「傑森。」她的聲音很低沉，音色介於質問和低吼之間。

在這兩個字中，她完整的傳達了兩種意思，「你幹嘛碰我？」及「晚安，我現在該睡了。」

但這沒嚇到我，我反而更貼近她，吻著她的後頸。

此時她轉身面向我，動作快到身體幾乎從床上蹦了起來，嚇了我一跳。

「你是認真的嗎，傑森？！」她有些惱怒的質問我。

我裝作糊塗，像在開玩笑一般，「什麼意思呀？我不了解妳什麼意思耶？」我舉起雙手努力的裝傻，但也意識到在這一刻，我聽起來就像一個做壞事被捉個正著的孩子一樣。

「我累了。」她將枕頭拍了拍，「現在時間太晚了。」

就這樣，我們之間的談話結束了。

我翻身回來躺好，再次盯著天花板。時間太晚了？所以我應該在晚餐時試試嗎？但她一定又會說那時間太唐突。我永遠贏不了！

經過兩年的婚姻，我明顯的發現，我與安瑪麗對婚姻關係中所應該有的性行為次數有著非常不同的期望。簡而言之，我遠比她還更想做愛，她可以持續數周或數月完全沒有性愛接觸。這件事對她來說絲毫不重要，但對我來說卻非常重要。

這變成了我們之間的一種習慣。後來我才了解到，許多夫妻都會掉入這種陷阱：我覺得我必須與她做愛才能與她感到親近一點，但她卻得先對我感到親近，才起的了性趣。漸漸地，這變成了我們之間一種牢不可破的惡性循環。我總是忙於工作，全天二十四小時待命，以至於她很難對我感到親近。我越常提出要求，她越反感。她不停拒絕，讓我覺得她在嫌棄我。這種受人嫌棄的感覺很痛苦，所以為了避免面對這種感覺，我只好埋首工作或看更多的色情片。我們之間的距離越拉越遠，我被拒絕的次數也越來越多，就像一個無限迴圈。

我沒想到我保守的秘密和說的謊在此時造成了我們之間的疏離。或者，在看了十年的色情片和約了六次的炮之後，性對我來說只是一種為了達到目的所需採

76

取的手段。亦或者安瑪麗的身體本能地就知道不應該信任我。雖然這些想法對現在的我來說再明顯不過，但當時我完全無法接受這些可能性。從我的觀點看來，安瑪麗只是不想和我發生性關係，我也漸漸地因而對她有所埋怨。

也許正因為如此，當我第三次回到 Craigslist 尋找約炮對象時，我懷著些許的報復之心。除了看看色情片之外，我從結婚以來一直都很忠誠，但現在，我覺得自己所做的事情完全合理，一點也不感到內疚。這正是一個真男人應做的事。他們掌控著自己的人生，追求自己所想要的事物。我是個成功有為的男士，我想做愛，不，性愛是我應得的，所以我當然應該透過任何必需的手段來滿足自己的需求。

瀏覽了一週各式各樣的廣告後，我忽然發現了一塊新的大陸，現在 Craigslist 上有伴遊小姐的廣告。與其去瀏覽一堆不同的廣告然後再寫大量的電子郵件聯絡，我其實可以直接花錢請個女人陪我嗎？嗯，這好像比較好，對吧？

網上伴遊的世界讓我大吃一驚。Craigslist 上的廣告其實只是冰山一角，我接著找到了十幾個可以免費瀏覽小姐個人資料的網站，找到一個對味的小姐時，就能點擊進入她的網站。在那裡，我看到了幾張照片，也有詳細資訊說明整個過程、花費，以及能做（或不能做）的事，一切資訊都公開寫明了。價格較貴的伴遊小姐甚至會安排好見面時的飯店房間，這意味著我甚至不必操心後勤問題。

這就是我的偷吃行為進入下一個層次的機遇——找伴遊小姐。在接下來的一年半，一直到安瑪麗和我開始環遊世界旅行之前，我陷入了一個新的惡性循環。我會找伴遊小姐，然後對自己的所作所為感到可憎，也發誓再也不會這樣做，可是過大約三、四個月後，我又會因我們夫妻之間缺乏親密關係而開始埋怨安瑪麗，暫時忘記上次偷吃後自己有多自責，又去約其他的伴遊小姐。同樣地，我還是覺得很糟糕，也再次發誓絕對不再這樣做了。

這個循環開始惹得我心煩意亂，最終我向最好的朋友坦白時的語氣就變成了：「哥們，我有問題。」我知道我所做的是不對的，但當精蟲衝腦時，我卻無力阻止自己。我有各種各樣的理由：我困在一個無性婚姻裡、這是我所應得的、一夫一妻制在生物學上是不自然的。在偷吃了許多次都沒被抓到後，我又有了一個新理由：既然安瑪麗永遠不會知道我偷吃，這也就沒什麼大不了的了。

所有這些我自以為正當的理由當然都是胡說八道。內心深處我自己也清楚我逐漸失去了控制。因此，當安瑪麗建議我們來一趟環遊世界旅行時，這解脫的感覺就像天上掉下來的禮物一般。我告訴自己，我會在這次旅行中重新做人，再也不會偷吃了。旅行能讓我遠離舊金山和工作上的壓力，而且我不會再路過曾經與人私會的地方。在城市中穿梭時，這些地方開始越發讓我感到愧疚。太好了！讓我們離開這個地方吧，我真的需要離開這裏。

此趟環球之旅確實為我們的關係帶來了一些新的開始，我們回來時精神煥發，重新點燃了對彼此的愛意，使我覺得舊時的生活已經成了過去式。我得到了一個嶄新的開始，甚至在 Palantir 有著一份需要我全神貫注的新工作。可是我仍舊沒有設法解決過去的一些根本問題，雖然這些問題曾經讓我做出不可告人的事。我的另一個自我依然存在於表象底下，像是一顆定時炸彈，任何時刻都有可能一觸即發，而那年 10 月，她來了。

###

第五章

「……正因為在這世上一個人只要閉著眼，轉了一圈，就會迷失方向……」

－亨利‧大衛‧梭羅《瓦爾登湖》

Henry David Thoreau, Walden

2008 年 10 月

躺在夏威夷的海灘上，夕陽漸落，不再需要撐著傘抵抗高溫了。單純的享受著太陽遺留在我身上的餘溫，波浪反覆的沖洗著海灘，那聲音使我陷入一種恍惚狀態。凝視著地平線，我微微意識到海浪中有些孩子們在玩耍。雖然我們才剛到夏威夷，我放鬆到好像已經在這裡好幾天了。這是慶祝結婚五周年紀念日的完美場景。安瑪麗從房間走過來，但她沒有再躺回毛巾上，而是跪坐在我面前。她的臉上帶著興奮，表示她知道些什麼、迫不及待地想告訴我。

「怎麼了？」我問。

「我懷孕了！」她激動地大喊，「這是真的嗎？哇，天呀！」

我們相互擁抱了許久，然後她蜷縮在我旁邊。我們一同看著日落，興奮地想像著即將發生的變化。

「回家後我得找位婦產科醫生」，她說。

「對，我們還得在公寓裡挪點地方出來。」

「哇！」她感嘆道，「一個活生生的寶寶。我們要有寶寶了。」

兩個月後，我們開始看房子。我們的小公寓不適合迎接新生兒，房子年久失修，我們也需要更多空間。一月初，我們買到了一間符合我們需求的公寓後，於是很快就入住了。

迎接新生命的想法讓我欣喜若狂。一開始幾週都像在做夢，然而激動過後，開始認真面對事實，我卻陷入了深深的恐慌。

我將成為一位父親，這意味著我必須擔起家裡的生計，財務上的壓力馬上倍增。買了間房子就意味著我必須支付頭期款、背著龐大的房貸，很快也得為小孩存大學學費。如果我們留在市區，寶寶將來得就讀昂貴的私立學校。每想到一樣新的支出，我的腦中便響起一陣收銀機的聲音，不停的開開關關。雖然我們的財務狀況還算不錯，但任何一個住在舊金山的人肯定都會同意說：即使有幾百萬美元的資產，想到在這生活的成本時還是得嘆一口氣。我內心的反應很簡單——只要我更努力工作就行了。

除了經濟壓力，我還有一種更深層的恐懼。我知道知道我的缺點在哪，身為丈夫，我已經辜負了她。在內心深處，我害怕成為一名父親，我還沒準備好、真的還沒準備好。因此我死性難改，又回到那些讓我覺得舒服的地方。白天和傍晚投入工作中，而夜深時則沈淫於色情片中。最終，我從安瑪麗身旁消失了。

我開始缺席與婦產科醫生約好的產檢。「我有一個重要的工作會議，」我會說，「你介意一個人去嗎？」

「當然，沒關係。」她總是回應，「我自己去也行。」

我們倆都知道她當時口是心非，但我卻依舊我行我素。

不出所料，我們之間日益增長的距離意味著親密關係也再次消失了，但這次不僅僅是安瑪麗如此，我也對床第之事失去興趣。我寧願單純的在深夜輕鬆看色情片，也不要面對親密關係裡的複雜情緒。

安瑪麗才懷孕四個月，我們再次陷入一種惡性循環。如同大多數年輕夫妻一

樣，我們試圖自己解決問題，雖然事後還是很訝異自己曾經有過如此瘋狂的想法。如果我們在此時就接受諮商的話，或許就會有人能引導我們化解目前彼此感受到的那些錯綜複雜的情感，但我們並沒有那樣做。我們反而再次獨自乘著小船，在一片黑暗中隨波逐流。我們沒有任何方法可幫助我們處理正在經歷的一切，頂多只是發覺到有不對勁的地方，也開始怨恨彼此。這樣的寶貴時光本該讓兩人更加親密的，我們反倒變得越來越疏遠。

我晚上帶回家做的工作逐漸轉變成留在辦公室裡做到深夜。每隔一、兩週，因為我工作到很晚、第二天又要早起，為了免去兩小時的通勤時間，我就會住在在辦公室附近的旅館裡。寶寶的預產期是五月，接下來的這幾個月將會是我在工作中能全力衝刺完成重大計劃的最後時間，之後才能在孩子出生後請假陪產、育兒。

「你確定我今晚待在這裡真的沒問題嗎？」我問安瑪麗。

她又一次回答，「當然，沒關係。」

雖然我們倆都知道她在撒謊，但我還是恣意而為。

二月某一天，一場社交晚宴後，我和一群人續攤喝酒，之後演變成我邀請當中的一位女士一同回到我的旅館房間。我們各自離開酒吧，這樣其他人才不會起疑。去旅館的途中，我在一家便利商店買了保險套，以備不時之需。她比我晚十五分鐘抵達我的旅館房間，但那十五分鐘感覺就像幾個小時一樣。我殷切盼望著即將發生的事。這不是 Craigslist 找來的炮友，也不是與伴遊小姐的交易。不，這是全新的一種體驗，和過去的截然不同。

我看到她傳來的簡訊時，全身上下都能感到我心跳加速。

我到了。你在幾號房？

幾分鐘後，她敲了門。開門時，我感覺我們的心情是一樣的——是種興奮與恐懼的強烈組合。我們既期待著即將發生的事，卻又都害怕被人發現。

我開始經常與這位女士會面。幾週過後，我的另一個自我主導了我的人生，我迷失了自己。我開始找不到方向，渾渾噩噩地像隻動物般活著。我全憑直覺反應，完全沒有刻意思考。我會不定時清醒並會立即為自己的所做所為感到羞

愧。我並不會試圖為我行為開脫——我做不到。我甚至沒有告訴我最好的朋友發生什麼事。我覺得很尷尬，內心的羞恥感強烈到我完全麻木了，我什麼都不在乎了。

在這個新的局面之前，我曾經是個試圖在光明中生活的人，而我隱晦的一面卻涉足在黑暗中。現在形勢完全逆轉了。我現在完全深陷在黑暗中，而一直作為我燈塔的安瑪麗正離我越來越遠。黑暗中，沒有任何期望、沒有工作、沒有老婆、沒有即將誕生的寶寶。在黑暗中，我的陰影統治著一切，而另一個我可以拋下所有責任去睡個好覺。在黑暗中我可以消失；在黑暗中我可以麻木不仁。

這段婚外情持續了近四個月，在安瑪麗預產期的幾週前才結束。那時，我和安瑪麗就像兩艘在黑夜中朝不同方向航行的船隻。原本應該是一段非常緊密的時光，對我們來說卻恰恰相反——我們形同陌路。她孕期的大部分時間裡，我都不在。預產期前一個月去上分娩課時，我完全無法進入狀況，也無法明白為什麼其他準父親都比我還清楚分娩是怎麼一回事。

可是，寶寶是不會等你準備好才到來的，也不會刻意等到父母的關係變完美了才誕生的。寶寶們自己會決定他們出生的時間，當然，我們的寶寶也不例外。

***

在公司的一場團隊會議結束後，我走回辦公桌收電子郵件。那是一個星期三的中午，辦公室熙熙攘攘，我收到了安瑪麗傳來的一通簡訊。

陣痛開始了……我在計時……有空打電話給我。

我的心跳加速，此刻終於來臨了。我匆忙地收拾東西，心裡明白會有幾個星期無法回到辦公室裡。我和團隊早已準備就緒，所以沒有任何最後一刻需要處理的事。我的助理尖叫著「快走，快走！」我跑出門，跳上車，以一級賽車手的架勢開上 101 號公路。

到家時，我看到安瑪麗躺在床上。我媽媽坐在她身旁，用碼錶記錄陣痛間隔的

時間。我和安瑪麗互看了一眼，她給我一個眼神、點了點頭表示：「是的，是時候了。」我拿起我們早已打包好的備產行李、丟到車裡，安瑪麗的父母扶著她下樓。到醫院的路程很短，每個人都知道到了那裡該做什麼。幾個小時後，我那完美的女兒──瑪雅・科克倫・波特諾伊誕生在這世上，安瑪麗和我立刻愛上了她。

有些文化認為孩子的靈魂在出生進入肉體之前就選擇了父母，我現在也相信這一點。當瑪雅成為我們家的一份子時，我和安瑪麗正處於一個非常脆弱的時期。我們當時還沒發覺自己童年受的創傷所造成的長期影響，當然也從未設法去解決。我小時候孤立、「不合群」的感覺，再加上我一向傾向埋藏或逃避令我困惑的情感，促使我與身邊最親密的人保持距離。同時，多年來我接受到的性別刻板印象，導致我透過獲得金錢、汽車和美女來尋求他人與社會上的認可。我的精神狀況欠佳，此時安瑪麗也正經歷著自己的挑戰。

我們早已感覺到彼此關係中有些不對勁的地方，但卻不知道如何找出問題。我們需要幫助，但不知道怎麼尋求幫助，也不知道向誰求助才好。幸運的是，瑪雅知道怎麼幫助我們。不幸的是，我是個遲鈍的學生。

瑪雅出生約十天後，安瑪麗在我們的臥室裡打盹，瑪雅在她身旁的嬰兒搖椅中也睡得正甜。她們倆形影不離。安瑪麗的母性直覺早已啟動，她是一位完美的母親，全心全力的只想達成一個目標──照顧好她的寶寶。當我看著她和瑪雅在一起時，她盡心力扮演好媽媽的角色深深打動了我。除了發揮她的母性本能外，她還讀了一堆關於懷孕和早期育兒的書籍。雖然她從未當過母親，但不管是什麼狀況她似乎都很清楚該怎麼處理。在我懾服於她完善的準備的同時，也對自己的準備不足感到困窘。

外公、外婆，爺爺、奶奶忙得團團轉。一個煮飯時，另一個忙著整理家裡；一位個去洗衣服時，第四個人就到超市採買日用品。我們的房子不只是房子，而是像一個蜂巢，工蜂們忙於照顧每個細節，以便女王蜂安心的養育下一代。

我坐在沙發上看著一本關於如何成為一個好父親的書。我抬起頭來看看周圍的情景，意識到我和家庭生活完全脫節了。我現在不過是個旁觀者。安瑪莉有九個月的時間在她的身體裡孕育著胎兒，不斷提醒她即將要面對的一切。她有九個月的時間去準備。她那不斷增長的身體也逐漸迫使她放慢腳步、為眼前這一

刻做好準備。而我反倒是在實質上或情感上都完全缺席了。看著身旁的人忙進忙出的，我開始思考自己在這裡到底扮演什麼角色：我該做什麼？我身為父親的直覺什麼時候才會啟動？

我頭暈目眩——休陪產假就像在排毒一樣，我體驗到了一些戒斷症狀。我不僅在婚姻中缺席，我也總像顆不停旋轉的陀螺一樣，迅速地從一個焦點轉到下一個焦點，這樣我就不需要與任何人事物連結。我的世界一直是灰濛濛的，我不必處在當下，必須面對家庭生活的事實卻改變了這一切。我無法工作、無法偷腥，在家中也沒有隱私可言（當然也無法看色情片）。我的轉速變慢，慢到快停下來了，但停下來時我到底……將會撞到什麼呢？

接下來的幾天緩慢到我幾乎難以忍受的地步。我模糊的灰色世界逐漸被鮮豔的色彩和清晰的視野所取代。我開始注意到以前從未注意到的事情，窗前玉蘭樹上的葉子現在片片分明，鳥鳴聲傳入雙耳時，我才意識到儘管牠們一直都在，但我卻到現在才聽見牠們的叫聲。安瑪麗微笑著親吻瑪雅的臉頰，祖父母們發出「喔喔啊啊」的驚嘆聲，世界在我周圍活絡了起來，但我卻無法招架——世界太光明；聲音太響亮。我無法適應如此鮮活的人生，我變得焦慮、坐立難安。又過了幾天，我開始感到煩躁、皮膚開始發癢，就跟小時候一樣。我必須離開這裡。

「我今天必須去辦公室拿些文件。」一天早上我向大家說，「我過幾個小時後回來。」

向家人揮手道別後，我出門去了。家門在我身後一關上，繽紛的顏色立刻開始褪去，取代而之的是張開雙臂歡迎我回來的黑暗。我緊繃的肩膀放鬆了、緊咬的牙關也鬆開了，我終於回到真正的家了，一個自認屬於我存在的地方。

我並沒有去辦公室拿文件，而是去了一家旅館，一位我多年前結識的伴遊小姐在她的房間門口迎接我。我進門後，就又消失了。

***

那天下午從旅館開車回家時，我想像我回到家，看到安瑪麗、瑪雅和我們的父母時，我會有什麼感覺。我以爲我會感到羞愧，但卻沒有。一種前所未有的全新感受湧上心頭——厭惡，我著實厭惡自己成爲的這個人。在開往我家所在的街道時，我終於對自己坦承，我已經跌到人生的谷底。這確實是我人生中最低落的時刻。真噁心，我這個人真噁心。我走回住處，回到活力充沛的現實生活、謊稱我去過辦公室。當這些話從嘴裡說出來時，我感覺到自己內心的一小部分死去了，就像內心最後的一絲光芒熄滅了。

我無法直視家人，於是我就跟他們說我累了，然後直接回房。我沖了澡，試圖清除自己身上的黑暗。擦乾身體時，我瞥見鏡子裡的自己停了下來，我實在無法認出鏡子裡頭那個看著我的人。這個人他看起來很迷失、很困惑。當我與他四目相對時，他看起來不像一個準備好成為丈夫或父親的人。他看起來像個小男孩——一個害怕的小男孩。我迅速轉開視線，羞愧到無法看著自己。

我爬上床，把自己裹在厚厚的被子裡，蜷縮成一顆球，房間寧靜到我能感受到一股巨大的重量將我壓在床上。我不停地顫抖，獨自一個人害怕著。我恨我自己，我已經是個失敗的丈夫，現在，在瑪雅出生僅僅幾週後，我也變成了一個失敗的父親。

為什麼這些失敗會持續不斷的發生在我身上？我以為我什麼都做得很好。我在學時成績很好、找到了好工作、賺了很多錢、有妻子、一輛好車、一間不錯的房子，現在也有了孩子。我做了所有該做的一切，甚至連婚外情也好像在滿足社會的期望。我看過許多有關男友或丈夫出軌的電視節目和電影，「我犯了全天下男人都會犯的錯」這句話我聽過無數次了。那些發生婚外情、性騷擾或兩種都有過而在媒體上出現的每個政客和其他身居高位的人又如何呢？我只是在做這社會期待每個男人都會做的事。

但有些事必須改變，我不能一直這樣繼續下去。

***

十一月下旬一個晴朗的日子，我們正沿著 101 號公路向北行駛，準備前去與家人共度感恩節。安瑪麗開著車，瑪雅在車後座上打盹，我凝視著窗外，看著令人驚艷的秋色在眼前掠過。

過去五個月裡，我重新審視了我認為社會曾交給我演出的所有劇本。我努力這樣做，不是因為我還想賣力照著劇本的建議演出，我反而正試圖找出所有劇本中的瑕疵。隨著我對自己的思緒越來越挑剔，我開始注意到一些以前沒有注意到的事情。首先，與我同齡的許多人都在辦離婚，雖然原因很多，但至少有一個案例是因為當事人在婚姻關係中不忠。這些男人表面上看起來什麼都有，但我開始懷疑他們的內心是不是和我一樣苦悶不堪，也許他們也有自己的秘密。

我轉身看著安瑪麗，我想念她。除了瑪雅剛出生後那次偷吃外，我就沒有再出軌了。但我還是得滿足工作上的許多要求，所以我花在工作上的時間依舊遠多過我能與她和瑪雅共度的時光。因為公司快速發展得如此之快，龐大的工作量是無可避免的，她和我之間的疏離感前所未有。在我埋頭苦幹時，她與瑪雅建立了屬於她們兩人自己的關係和生活方式。

如果在瑪雅出生後的前幾週裡，我覺得自己像個旁觀者的話，那現在的我，每次回到家時，甚至會覺得是自己闖入了她們的生活——我根本就像個外人。她們每天都有安排好的行程，會推著嬰兒車在附近散步，而我只是一個會不定時進入家裡，剛好住在同一個屋簷下的人。我莫名的知道這不是我想要的生活，我不想看到自己跟一些同儕一樣，落得離婚的下場。現在擺在面前很明顯的是，我必須盡快選擇：到底是工作重要，還是家庭重要？

「我要辭掉工作」，我脫口而出。

安瑪麗瞪大眼睛看著我，「這什麼意思？」她問道。

「Palantir，我下週就要從辭掉在 Palantir 的工作了。」

「你確定嗎？」她問。

「是的，我確定，我希望有多一點時間和妳還有瑪雅在一起。」

「哇！」她驚嘆道，但卻轉過頭去。

我等著看她興奮的樣子，但她卻沒有這樣的反應。我轉頭盯著擋風玻璃。這真奇怪。多年來，我一直以自己的工作、事業、職稱以及財富來定義自己，放棄這些事物是我能為她們所做的最大犧牲，但她的反應卻如此淡定？

我轉過頭再次凝視窗外，恍然大悟：我實際上並沒有把所有的事情想清楚。我回憶近幾年的生活，發現安瑪麗很久以前就不再抱怨我工作的時間太長了。不論我在辦公室待上多少的時間，我都沒感受到她有任何不滿，我以為她只是習慣了，但現在我才意識到，事情根本不是這樣，她其實已經不在乎了。

媽的！情況比我想的還糟！

做出這項聲明後，我被安瑪麗曖昧不明的反應不但嚇到了，還讓我屁股著火了。很快地，挽救婚姻成了我生命中唯一的重要事項。

接下來的一週，我告訴上司亞歷克斯我的決定。他並不驚訝，因為過去幾個月，我一直開誠佈公地與他分享我為了平衡事業與家庭生活所做的努力。他並不需要我明說，他是個聰明人，觀察力非常敏銳。我早知道他能從更深的層面感覺出我生活上的問題。他很親切，也善解人意，我們同意我在年底前把手上的工作結束、交接出去。

***

雖然邁出了第一步，但如果要開始修復與安瑪麗的關係，或只是修復自己的生活，我需要做出更多改變，而我發覺我需要協助。

一週後，在太平洋高地一棟不起眼的建築裡，坐在沙發上與一位婚姻諮商師談話。他是個冷靜、心思細膩的人，我確信他能幫助我。

一月初，我最後一天上班。不久之後，我與安瑪麗和瑪雅一起飛往科羅拉多，開始我們第一個家庭假期。安瑪麗的父母主動說會在那裡與我們會面，這樣他們就可以多與瑪雅多相處，也讓我和與安瑪麗有時間獨處。那是一次愉快的旅行，安瑪麗和我一起開心地滑雪。但很明顯的，我們已無法好好的溝通，需要

花上一些時間才能重建關係。我和她分享了我與諮商師的對話，於是她同意在回家後，和我一起接受一次婚姻諮商。

那天，安瑪麗坐在椅子上，面無表情。諮商師跟我們分享前幾週討論過的事，大部分的時間，她幾乎都一語不發。最終她決定參與對話時，也只提了一個簡單明瞭的問題。

「諮商最終的目標都是要維持夫妻關係嗎？」她問道。誠如她一貫的風格，儘管只問了簡單的一句話，但箇中含義卻很深奧。

我還在不可置信地盯著她看時，諮商師已圓滑地回答了問題。我對我們之間鴻溝的嚴重度完全誤判了。我突然意識到，挽救自己婚姻的這個目標，可不像在工作時完成一個案子那麼容易。或許我已拖得太久了，也許一切也已經太遲了。

###

第六章

「有勇氣把事情得搞很尷尬的人是蒙福的，因為他們將我們喚醒、推著我們向前邁進。」

—格倫農‧道爾《未受馴服》

Glennon Doyle, Untamed

2010 年 5 月

手機顯示凌晨 2 點 13 分，我在漆黑的臥室中，被奇怪的機械聲吵醒了。我往左翻身，伸出手臂，但安瑪麗的位置卻空無一人。在眼睛適應了黑暗後，我瞄到浴室門下的一絲亮光。定神思考後，我才明白那噪音是安瑪麗的電動擠奶器的聲音。她昨天和朋友去烤肉，接著一定又在外頭玩到很晚。我把頭埋在枕頭下將噪音蓋住，然後很快又睡著了。過去幾個月是我人生中難以言喻的一段時光，但也讓我筋疲力盡。

我持續認真地接受諮商，但還沒有告訴諮商師關於色情片或外遇的事。我們主要都在討論我與安瑪麗的關係以及我對父親這個身份的恐懼，我們也簡要的聊了我的童年。雖然諮商的進展緩慢，過程艱難，但多少對我有所幫助，畢竟我已經一年沒偷吃了，而且看色情片的次數也逐漸減少了。我有進步。

我現在花更多的時間和瑪雅相處，她教我如何光明磊落的過日子。我會帶她去基督教青年協會（YMCA）游泳、上音樂課，然後推著她的嬰兒車在附近散步。即便是微不足道的成就，比如說出去玩、準備她的午餐和尿布袋等等，也能讓我無比自豪。我辦得到，我也有能力照顧孩子，我是個稱職的爸爸了。

游泳課是每週的重頭戲。我在泳池裡將她的頭保持在水平面以上的高度、和她一起唱著輕快的兒歌、繞著圈子上下漂動著。遵照教練教的指引，我輕輕地往

她的臉上吹氣，她就會在入水時，自己閉上眼睛、屏住呼吸。當她浮出水面時，我們一起開心的大笑。每和她共度一分鐘，我就能感覺到自己離黑暗越來越遠。

唯一讓我覺得自己在原地踏步的就是與安瑪麗的關係。她自己也開始接受諮商了，所以我試著耐心的等著，我知道我多年來的行為對我們的關係造成了相當大的傷害，我認為這些傷害也得花些時間來治癒。我覺得花更多時間在一起有助於拉近我們的關係，但自從我離職後，我們並沒有這麼做。安瑪麗經常與朋友出去，幾週前她甚至沒與我和瑪雅一起去東岸探望我的家人，因為她說她需要一點時間獨處。

起初，一切聽起來都很合理。安瑪麗懷孕和分娩的大部分時間我都沒在她身邊，讓她一個人背負著如此沉重的負擔，她當然需要時間發洩情緒，與自己和朋友重新連結。我能理解也接受。可是，安瑪麗並沒有回去工作，這樣的情況持續幾個月後，我開始納悶：她的朋友們這麼常出去喝酒，怎麼還能正常的工作呢？有一天，當她又很晚才回家時，我就問她，但我只得到了一句冷冰冰的回應：

「你在我的生命中消失了，現在你回來了，我就該為你放下一切嗎？」

我沒有一個好的答案。她說的沒錯，而她連半點都不知道我做過的骯髒事。我覺得自己沒有任何道德基礎表示什麼，就不多說了。但又過了幾個月，我依然覺得不太對。

烤肉聚會後的第二天早上，安瑪麗去上瑜伽課，我把瑪雅放上床午睡。回到臥室時，我注意到安瑪麗的包包放在床腳邊，我好奇的翻了翻。真奇怪，她去公園參加在下午舉辦的烤肉聚會，怎麼會需要泳衣和換洗衣物呢？

我從好奇變懷疑。她出門的時候到底去了哪裡？她那些朋友到底都是什麼人？我認真思考了一段時間，忽然想到，我其實可以查電話帳單看看她究竟和誰通話、傳簡訊。

我走進廚房，在餐桌上打開我的筆記型電腦，登錄到我們的帳戶。她的號碼每天從早到晚都有幾十封的簡訊和通話記錄。掃視了一下紀錄表，我的目光落在一個通聯次數明顯比其他號碼出現更多次的電話號碼上，持續到今天凌晨兩點

94

都有通聯記錄。這到底是誰？我在谷歌（Google）上搜尋這個電話號碼，但沒有搜尋到符合的結果。我接著瀏覽一下自己手機中的聯絡人，看看是不是我認識的人，結果居然就這樣被我找到了。

我突然往前一倒，頭幾乎要撞到了桌子。我的天啊！她有外遇！

***

隔天，雖然保持懷疑，我並沒有立即與安瑪麗對質。我不是百分之百確定到底發生了什麼事，我的思緒亂得無法理出頭緒。她真的有了外遇嗎？如果是，這是否表示我們要離婚了？那我做過的事情呢？也許我們注定不能在一起了。

我需要跟她分開一段時間，讓我自己好好思考一下。我都已經表明了我對她常出去喝酒這件事有所疑慮，既然情況沒改善，那表示我就得進一步採取行動了。她瑜伽課回來時，我告訴她我無法接受她凌晨兩點才回家的事。

「事情有點不太對勁」，我說，「我要帶瑪雅去北部一個禮拜，我想我們分開一段時間會比較好，妳必須考慮一下自己到底想要什麼。」

她看起來有點驚訝，把頭歪向一邊、想了一想後說，「好吧，沒問題。」

我注視著她，期待著她會繼續說下去，但她並沒有再說什麼。在等的時候，我意識到連我也不知道我們之間還有什麼可說的，我們幾乎都不講話了，早忘了該怎麼跟對方說話了。

當天晚上，我在我們位於希爾茲堡的房子前廊上，看著日落時五彩繽紛的夕陽。幾年前我們才買下這個住處，離我們辦婚禮的地點很近，以為我們會永遠保有這棟房子、在這裡退休。傍晚時分，天空中鮮豔的紅、黃、橙等顏色與房子周圍的綠樹形成強烈的對比，好壯觀的景象，但電話中的我無法專注在這景色上，心裡頭好多事佔據著。

瑪雅已經睡着了。我正和一位朋友談論我自己和婚姻中所發生的事，希望他能給我一些建議。

「很遺憾聽到這件事發生在你身上，傑森。」他說，「但如果你真的認為她在與別人幽會，你何不直接追蹤她的手機呢？」

「哦，天哪！這主意實在是太棒了。我馬上就這麼辦。」

我掛斷了電話，跑進屋裡拿起我的筆記型電腦。我知道安瑪麗的密碼，於是立刻就登入她的帳戶。我的動作之快，對可能會看到的事物完全沒有心理準備。果然，螢幕上出現的小藍點顯示她的手機的所在位置是在一家餐廳裡。

他們正在一起吃晚飯。我的腦海裡閃過他們坐在一張小桌子，有說有笑喝著酒的畫面。想到這，我的胃便開始痙攣。

心神不寧的我只能每隔幾分鐘看一下螢幕，直到那個小藍點移到了公路上。我看著它緩緩地駛入住宅區，停在一幢房子前面。這大概就是他家吧，我想。接下來的幾個小時內，無論我將瀏覽器刷新了幾萬次，這個可憎的小藍點卻依然不動如山。我撥了一通電話給安瑪麗，但她沒有接。我發給她的簡訊也石沉大海。最後，我氣餒的坐回椅子上。時間不早了，瑪雅都很早起，我真的得睡了。我告訴自己，如果這個小藍點到早上時還在原位，答案就很清楚了。

那天晚上我幾乎無法闔眼，滿腦子想著各種可能的解釋、各種假設、下一步的行動。早上，精神抖擻的瑪雅叫醒了我——再一個多星期她就滿一歲了——在嬰兒床上隔著欄杆看著我，蹦蹦跳跳的等著我把她抱起來好開始新的一天。我非常感激有瑪雅在我身邊，這樣我就不會滿腦子都想著安瑪莉幹的好事。要不是因為瑪雅和我在一起，迫使我和她一起處在當下，我真的不知道我要怎麼繼續下去。我們倆吃完早餐之後，我推著瑪雅在附近的小徑上散步。回到家時，我們在地板上玩了一會積木，然後她就小睡了一下。

我走進廚房，給自己又倒了一杯咖啡，登入電腦再次查看安瑪麗究竟人在何處。小藍點依然留在原地，這意涵再清楚不過了。我傳了簡訊給她：

早上有空時，打通電話給我。

一直到瑪雅睡午覺時，她才回我電話，我的目的就是要她坦承她到底在做什麼。

「安瑪麗，這幾個月來，我離職、試著與妳和瑪雅多多相處後，我還是感覺有些事不對勁。」通話開始我劈頭就說，現在我在家時，妳反而不在。我們之間

96

好疏遠，妳是不是有事瞞著我？」

「不，傑森，我沒瞞著你，這一切都讓我很困惑。雖然你更常在我們身邊，但你總不能指望在你想回來後，我就得拋下一切、和你回到以前的樣子。你選擇消失時，傷透了我的心。你一直不停地工作……就忽然這樣……消失……持續一年多之久！」

她越發激動的聲音充滿了憤怒，我不知該如何回應。沒錯，我的確是消失了，她說得沒錯。所以我明白，她一定是去哪裏發洩情緒了。

「妳確定真的只是這樣子嗎？」我問道，「我的意思是，如果有什麼事是妳想告訴我的，你可以直說，我們還是實話實說吧。」

話一出口，我就被自己說的話給震懾了。我在請她對我坦誠，但我卻已經知道我不會向她坦白我過去出軌的行為。無論如何，我無法忍受以現在這種狀態繼續下去，我們必須打破這個局面，我們停滯不前的關係持續太久了，我真希望我們能再次攜手向前。不管以後會如何，我可以忍受任何痛苦，就算是我活該吧，我就是無法接受這種進退兩難的狀態。

我按耐不住了，「妳外遇了嗎，安瑪麗？」

「什麼？不，我沒外遇！」然後，她用一種挑釁又帶著指責的語氣接著說，「難道你有了外遇嗎，傑森？」

「不，我沒有外遇，不要把話題轉移到我身上。」

「那你為什麼覺得我會？」

我不願透露消息來源，就繼續在謊言之上編造更多的謊言。

「我朋友說，他看到你和布拉德利昨晚一起共進晚餐。如果你們兩人之間發生了什麼事，請妳直接告訴我，這整件事也看得我雲裡霧裡的。」

我們沉默了很久。

「你和布拉德利有染嗎？」我直截了當地問。

手機上依然一片靜默。我知道答案，但我要聽她自己說出口。

「如果我出軌了，又如何呢？」最終，她輕聲地問。

終於說出來了。安瑪麗再次證明，我們兩個人之間，她是比較勇敢的那一個。

起初，我很震驚。我從來都沒想過她會做出這樣的事情。

「天呀！」我只勉強擠出了這兩個字。

她承認自己有外遇，已經持續「好幾個月了」，也表明，自己還沒準備好要結束那段關係。她提到我們之間有多麼疏遠，也很抱歉事情發展到這樣的地步。我承認我確實疏遠了她，但也告訴她，如果她不願意結束她的另一段關係的話，我們之間的問題會很難解決。我們談了很久，這也是長久以來我們之間最真誠的對話。

雖然我能理解她為什麼會出軌，我始終無法接受她還不願意結束這段婚外情的想法。儘管她對我的困惑表示同情，但決心依然堅定。我現在才發現確有此事，但她已在這種現實中生活了好一段時間，這些事她早已想過好幾百遍了。

她越說，許多事也越清楚了。難怪我說我要辭職時她毫不在乎，難怪她只問了諮商師一個問題：諮商的目標是否都是要維持好夫妻關係。她老早就將我們之間的關係切割得清清楚楚了，我是她的過去，他是她的未來。我錯過了所有的跡象，她本來是打算什麼時候就要跟我說的呢？

###

第七章

「你起碼應對自己內在的事物和外在所發生的一切抱持著一樣的興趣。如果你將內在的事情都解決了，外在的事情就會逐漸到位。人生主要的實相存在心裡，外在的是間接的實相。」

－艾克哈特·托勒《當下的力量》

Eckert Tolle, The Power of Now

2010 年 6 月

上午，離舊金山北部開車約十五分鐘的科特馬德拉市（Corte Madera）中的一座辦公大樓裡，我走在那裡頭的茶色走廊上，要去見一位「人生教練」(life coach)，儘管我還不太清楚「人生教練」是什麼。

一個月前，安瑪麗坦承她外遇的事情，對我來說這四個禮拜極為痛苦。她外遇的事曝光後，我們分別跟各自的諮商師分享，他們建議我們一起與第三位諮商師開始共同晤談。一次晤談中，安瑪麗透露她與布拉德利的關係其實是十八個月前開始的，就在我們傳出懷孕的喜訊後不久。聽到這件事，我非常震驚，久久不語。

為期十八個月的外遇？那不僅僅是外遇，是一段戀情！安瑪麗居然在我們的關係之外還發展了一段完整的婚外情！

不知不覺中，我居然說服自己，她的這一段婚外情比我所有出軌的次數加總起來都還嚴重。如果這世界上有一門叫婚姻數學，那一段又長又完整的婚外情要比陸陸續續的一夜情和短期外遇來得更嚴重。況且我在一年前就不再偷吃了，而她到現在還不願放棄她的婚外情。我犯的錯都是過去式了，而今她對我的背叛才剛曝光，她還不願就此了結。為了挽救婚姻，辭去工作的人是我，開始接

101

受諮商的人也是我。她明明看見我做出那麼多付出，她居然不吭一聲，還在她出軌的情況下要我獨自承擔所有的責任。她這樣的行為一定比我還要糟，是不是?!

事隔一周，安瑪麗搬進了自己的公寓，開始兼職工作以支付房租。我們輪流照顧瑪雅，她在我們各自的住處間來回奔波。安瑪麗上班的日子，瑪雅就住在我這邊。

義憤填膺的我開始打電話給我的家人和朋友，告訴他們所發生的事。

「哦，我的天哪，傑森，」我姐姐說，「我很遺憾。」

知情的人都同情我，我也欣然接受。不過當然，我從未告訴他們我自己做錯了什麼。對我來說，那些都是很久以前的往事了，無須再提。

一天晚上共進晚餐時，我與好友邁克和茱莉分享了事情的來龍去脈。「所以現在我們有了第三位諮商師。」我解釋著，「聽起來很荒唐，但她人真的很好。不過我們現在陷入如此混亂的局面，真不知道如何才能脫身。」

「我在馬林市（Marin）認識一位女士。」茱莉回答說，「但她不是諮商師，而是位人生教練。她的風格並不適合每個人，可是她最擅長於協助別人處理危機、跨越過渡期，也許你該和她談談。」

我一邊考慮，一邊又吃了一口義大利麵，「好呀，有何不可？」

我現正在這棟大樓裡。找到了正確的門後，我進入候診室。裡頭的裝潢非常簡單：只有一張桌子、一把椅子及一張候診用的小沙發。牆上有一幅美麗、頗具現代感的風景畫，喚起了一種寧靜的感覺，室內噴泉柔和的流水聲更增添了些許的祥和。天花板上的日光燈沒開，唯一的光源是角落裡的一盞小燈，與外面明媚的陽光和明亮的走廊相比，這裡頭顯得有些陰暗。接受我預約的娜塔莉要我在候診室等，我就照做。我通常會滑手機來分散自己的注意力，但在這平靜的地方，我樂於盯著牆上的畫作、聆聽舒緩的流水聲。

過去六個月，我和我諮商師進行了一對一的晤談。我和安瑪麗也一同諮商了一個月，我不知道這位人生教練能如何幫助我，但眼下的我願意做任何嘗試。雖然我想試著與安瑪麗解決問題，但內心也有一部分覺得我們之間的傷害太大

了，最好是離婚，重新開始。這兩個選擇似乎都很難，我開始覺得自己陷入了某種永無止境的困境，也許人生教練起碼能為我指出一個具體的方向。

瑪雅與我住在一起的日子裡，我全部的注意力都在她身上，但我獨自一人時，我就會加倍困惑，彷彿希望就眼睜睜的要破滅了。我已完全說服我自己，安瑪麗拒絕結束婚外情比我所做的任何事情都還爛。我偷吃已成往事，可是我們的婚姻現正面臨崩解的危機，所以都是她的錯。全都是她的錯！

房間另一頭的門突然打開，一位女士走了出來，「嗨！你應該就是傑森。」

「是的，你好。」現在的我很尷尬，毫無自信。

「我是梅麗莎。」她示意要握手，看來開朗活潑。在她身後，一道陽光從辦公室照進這安靜的大廳。「進來吧。」她示意我進房間，我照做後，她關上了門。從那刻起，我的生活將煥然一新。

＊＊＊

進入她的辦公室後，早晨的陽光穿過一扇面東的大窗戶照了進來，裡頭的裝潢與候診室一致：現代而簡約，但非常舒適又寧靜。

「你坐那張舒服的椅子吧。」她指著上面有綠色和紫色色調的靠枕的沙發說道。沙發的色調搭配著牆上另一幅風景畫，我後來才知道是那幅畫是阿斯特麗德·普雷斯頓（Astrid Preston）的作品。

我找個舒服的姿勢坐好後，開始緊張了起來。掃視了房間一周，我發現牆上沒有掛著大學文憑。那一刻我才發覺，原來文憑的認證對我來說還是很重要的，我想知道這位女士是哪裡畢業的。她在我對面的椅子上坐了下來，打斷我的思緒，問說，「好，告訴我，發生了什麼事？」

當我開始講述我精心排練過的故事時，她從地毯上拿起了筆記本和筆。

「嗯，在大約六個月前，我意識到我的婚姻正在瓦解，為了能試圖修復我與妻

103

子的關係，我辭掉了工作，多花一點時間陪家人。」

內心獨白：我發覺情況變糟了，所以我辭掉了工作，試圖解決它。真是個好人啊，不是嗎？

「但並沒有好轉。」我繼續說，「其實，情況變得更糟了。」

「原來是這樣。」她匆匆地記著筆記。

「接著，大約六個星期前，我發現我的妻子安瑪麗有了外遇。當我與她對質時，她卻說她還不打算結束那段關係。所以，幾個禮拜前她搬出去了。我們一直都有在接受諮商。實際上共有三位諮商師。我們各有一位個人的諮商師，還有另一位女士和我們進行聯合諮商。諮商似乎多少有些幫助，但我還是不確定這一切終究會如何。」

內心獨白：難道你不明白，我老婆外遇了，而她不想結束那段關係耶?! 是我去找諮商師，試著維繫我們的婚姻。妳看，我才是個大好人。

「嗯，嗯。」她又匆匆地寫了幾個字。

「所以……事情大概就是這樣吧？」我說。

內心獨白：嗯，說到這裡你應該為我感到難過才對。妳到底有沒有覺得難過呢？因為我感覺不太到。如果妳也覺得我很可憐的話，請表現的明顯一點。

梅麗莎的筆在筆記本上來回揮舞著，我靜靜的沈浸在尷尬氣氛中。其他人聽完我的故事都會說一些「哦，你真可憐呀！」之類的話，也許她還在思考該怎麼回應。

最後，她抬頭看著我。「好吧，我不確定茉莉怎麼跟你介紹我的，但我不是諮商師，我是個人生教練。你來這裡的目的」——她指了自己後指著我——「並不是在你接下來的生命中每週坐下來談。我是要幫助你好起來，然後，我們的輔導課程就結束了，剩下的你自己要繼續努力。你明白我的意思嗎？」

「當然，我明白。」

內心獨白：或許在我告訴她我有多麼努力地工作養家之後，她會為我感到難過。

我應該趕緊分享那一部分。

「還有⋯⋯」她接著說，「我沒有上過什麼名校，你在網路上也不會找到任何我的資料。我的行程排得滿滿的，有許多人等著見我，我不需要任何廣告宣傳。」

我心想，「完全正確！」在預約之前我曾試著上網搜尋，但卻找不到任何有關她的資料，我當時就覺得很奇怪。

「沒關係。」我說。

「我們每週晤談一次，每次一個小時。期間，我會指派你一些必須自行完成的作業。我要求我的晤談對象承諾至少參加十次晤談，這樣我才知道他們是認真的，我們也能因此累積一些力量往前。這樣有問題嗎？」

「沒問題，都很清楚明白。」

她比我之前遇過的任何一位諮商師都還有活力。她有著既定的計劃和流程，身上充滿熱情，吸引了我的注意。

「好，那我們開始吧。」她放下筆記本和筆，直盯著我看，我努力保持與她目光相接。「所以，你現在散發出來的能量有如一位受害者。」

她停頓了一下，大概是想看看我的反應。

「好吧。」我故意拉長著聲音說。

內心獨白：沒錯！正解！我就是個受害者！妳很聰明嘛，小姐！

「傑森，我想告訴你的第一件事是：你不是受害者。雖然我們還不確定你為什麼為自己製造了這樣的狀況，但我會幫助你弄清楚的。」

我向她眨了眨眼。我不是個受害者？呃，我確實是，我當然是！我老婆偷腥已經整整一年半，到現在也不願意結束那段關係，她正摧毀著我們的婚姻。你去字典裡查一查「受害者」這個詞，絕對就是這個定義，還可以看到我的照片呢。

「你覺得自己像個受害者嗎？」她問。

「是的，我確實這樣覺得。」我端坐了起來，覺得自己更理直氣壯了。

「告訴我，你為什麼有這樣的感覺？」

「好吧，我不認為安瑪麗長期外遇是我的錯，那是她的選擇。她拒絕結束與那個男人的關係也不是我的錯，這都是她個人的決定。所以，沒錯，我確實覺得自己像個受害者。」

「你有和其他人聊過嗎？」

「有，我和父母及好友談過。」

「他們有什麼想法？」

「嗯，他們都很驚訝。除了在大學時期的幾次分分合合外，安瑪麗和我在一起已經快十五年了，所以我的家人和朋友們都很了解她，他們很訝異她會做出這種事，這太不像她了。」

「他們也覺得你很可憐嗎？」

「當然，從事情發生到現在，他們都一直非常支持我。」

「跟我說說你父母親的事。」她再次拾起了筆和筆記本。

我於是跟她說了一些我父母的事，提到他們在我年幼時離婚，我的母親和繼父撫養我長大的過程。

「你是在哪裏長大的？」她問。

「在紐澤西州的郊區。」

「你有兄弟姐妹嗎？」

「我有個姐姐，她比我大五歲。」

問題一個個像密集砲火般襲來：「你是做什麼工作的？」「你和安瑪麗是怎麼認識的？」「她是在哪裏長大的？」「她的家庭如何？」

後續又問了其他問題。我們的眼神沒有交集，她一直看著筆記本，匆匆的記著

筆記，看起來像一台正在收集原始資料的電腦。最後，她放下了筆和筆記本，再次看著我，我依舊努力與她目光相接。

「聽到這裡我知道發生什麼事了。」她說，「我整天都在輔導人際關係和感情問題，所以我知道該怎麼引導你，準備好了嗎？」

我想我還沒備好，她還沒有可憐我啊！我有點不知所措，通常聊到這裡，人們都會為我感到難過。妳到底在「幹」什麼呀，小姐？但她的自信就像全速衝刺的火車，把我們向前推進。我明顯感覺到事情正往前加速，幾乎無法阻止。我用力的嚥了嚥口水：「是的，我準備好了。」不知道為什麼，我信任她。

她解釋說，對自己生活中所發生的一切負責是很重要的，「雖然安瑪麗出軌不是你的決定，」她在談話中提到，「但你在生活中創造了讓這件事發生的條件。」

她的話正中我下懷，就好像她知道我一直對安瑪麗不忠一樣。她是怎麼知道的？我必須回到我自己的劇本上。

「我當時得努力工作來養家糊口。」我正氣凜然的說，「我背負著許多責任，不得不長時間工作才能完成所有的工作。」

「是安瑪麗逼迫你超時工作的嗎？」

「不，她沒有逼我，但我是為了我們才那樣做的，為了我們的家庭著想。」

內心獨白：妳完全搞錯了。眼前的我是個好人！

「但那只是『這都不是你的選擇』的另一種說法，都真的只是為了家人嗎？會不會有某部分是為了你自己？」

好啊，妳真的踩到我的底線了，我的敬業精神是不容質疑的。

接下來的一個小時，我們不停的來回爭論著。起初，我仍然抗拒著，不，應該說，我被激怒了——她暗示說我和安瑪麗之間發生的事我也有責任。她的立場堅定不移，推論無懈可擊。每一句話都像一把剃刀，刮掉我說的每一句廢話。我從未有過這樣的經驗，我不習慣參與無法掌控話題的對話。當她繼續摧毀我擅用的藉口時，我逐漸意識到我論點的基礎滿是缺陷，一點完整性也沒有。

她搞得我精疲力竭。如果說我一開始是感到不安，到後來我簡直只能用搖搖欲墜來形容。但是隨後，我內心中的某種東西稍微裂開了，讓一絲小小的謙卑溜了出來，我於是承認，「或許我確實得為安瑪麗發生婚外情負起某種責任。」她一看到我對所發生的事情承擔了即使是一丁點的責任，就會立即指出這樣做的好處。

「如果你對自己生活中所發生的一切負起責任，你會發覺自己有能力去決定下一步該做什麼。」

通過這麼簡單的一個句子，她就給了我過去幾個月來從未擁有過的一樣東西——希望。她幫助我明白，在過去的六個月裡，我一直在等安瑪麗決定我們關係的下一步。我終於意識到自己不必像個受害者一樣，坐著苦等，我也有發言權。突然間，我感覺到自己充滿了力量。

討論過程中，她還有根有據地推測了我與安瑪麗的關係，以及我們各自與父母的關係。我很驚訝她可以說得那麼準確。她才剛認識我，連安瑪麗都沒有見過，更不用說認識我們倆的父母了。然而，當她猜測著他們可能會說的話或採取的行動時，她幾乎一語中的，我驚訝得快無法動彈。

晤談尾聲時，我們簡短的討論到，如果我想從與她的晤談中獲得最大的效益，那麼我在過程中必須絕對的開放和誠實。

「真相讓一切加速。」她說，「不要害怕真相。」

然後她指派了作業給我，「想想你所有的秘密，把它們都寫下來，這樣我們下週就來談談你的秘密。」

媽的！她怎麼知道我有秘密？

我還沒來得及擔心，晤談的時間就結束了。我們雙雙站了起來，她告訴我，「我會向你介紹許多新的概念，在未來幾個月裡，你對一些事情的觀感可能會與今日不同。你能同意在最近至少兩到三個月內都不做任何重大決定嗎？」

「與安瑪麗有關的重大決定？」

「與任何事情有關的。」

這個要求似乎有點奇怪，但到目前為止我都信任她，我於是同意了。

我離開她的辦公室，沿著走廊朝電梯走去。我感覺自己不一樣了，變得精力充沛。來的時候，我悶悶不樂、一頭霧水，現在我既興奮又滿懷希望。其實，我當時樂觀到一上車就撥了通電話給安瑪麗，跟她說我與梅麗莎談了什麼。

「你好。」她接起了我的電話。

「嗨。」

我們尷尬的沉默了一下子。我們不經常交談，大部分都只有在接受聯合諮商或協調瑪雅的行程時才會說話。我只是猜想我們之間的溝通橋梁或許已經敞開到能討論這些事情的程度了。

「嘿，抱歉打擾妳，我剛與茉莉介紹的那位人生教練談過了，有些事想和妳分享。」

「哦，好。」她的語氣聽起來不像是出於禮貌而已，「談了什麼事呢？」

我告訴她梅麗莎對我們關係的評價，她猜中我父母的一些事，還有安瑪麗和她父母的事。

「她還讓我明白，我需要為我們之間所發生的事情承擔起責任，我會努力做到的。」

「哇！」她驚訝地說，「你在一次晤談中就想通了這麼多事啊？我或許也該和她談談。」

109

第八章

「不以積累，應以降減；非日繼以增，應日繼以少。修行之巔至簡。」

—李小龍

Bruce Lee

2011 年 6 月

舊金山的星期六清晨，大霧瀰漫，我坐在克麗西斐爾德公園（Chrissy Field）附近的一張長椅上，看著貨船進出海灣，聽著大橋發出的霧笛聲。我現在每星期會到這裡來散步或跑步。這裡是整理情緒的好地方。

過去一年的經歷有如坐雲霄飛車。自從安瑪麗開始接受梅麗莎的諮商後，我們都停止了與原本諮商師的晤談，改成每週與梅麗莎談話。像梅麗莎這種人生教練，很少會同時跟一對陷入困境的夫妻進行輔導，不過她的方法對我們頗有成效。合作一開始，她就清楚表示不會偏袒任何一方，「我不在乎兩位是要離婚還是要重歸舊好，」她告訴我們，「我的工作是幫助兩位都成為健康、完整的個體。 一旦你們調整好了，之後是再續前緣或是離婚並沒有那麼重要，不論哪一種情況都是美好的。」

與她共事並不輕鬆，如同在健身房進行嚴格的訓練。你知道鍛鍊後的感覺會很好，但過程是煎熬的。她有一套言語「工具」，似乎可以深入我的潛意識，觸及我深藏幾十年的秘密區。我經常在晤談結束時感覺腦筋轉不過來，以至於幾個小時之內幾乎無法說話。在課程開始的幾個月後，有一次印象特別深刻的晤談，我失控地抽泣，因為被觸及了我孩童時期爸媽離婚的創傷，也勾起了當初爸爸搬離我們好幾千里之外的傷痛。

身為一位可能即將離婚的父親，我從沒想過與瑪雅分開。「我爸爸離開了我，」我哭著說，「他怎麼可以拋下我？」直到這些感受浮現時，我才知道這傷痛一直埋藏在我的內心深處。三十年來，我一直背負著這些創傷。三十年啊！是否還有其它創傷依然被深埋著？

每週的晤談一個月接著一個月過去，梅麗莎持續督促我更深入地挖掘心靈傷口，我唯命是從，不斷回頭要求更多的引導。除了晤談內容之外，她還有一大堆資料，讓她知道該如何因應以開出對症的處方。我讀了她指派的每一本書，聽了每一則引導式冥想，雖然不完全理解這些作業的用處，但漸漸地我感覺到改變。我覺得更紮實，更坦誠了。然而，我仍然難以獨處，甚至悖逆了她的指示，期間還發生了兩段外遇，每段都持續了數個月。不過，當外遇發生的時候，我會對安瑪麗坦白，這似乎也算是一種進步。

偶爾，安瑪麗會和我與梅麗莎進行聯合晤談，這是最有趣的。有時我們三人同時對話，其他時候則是梅麗莎專注帶著其中一人處理難題，另一人則靜靜地旁觀處理的過程。在這些諮商過程中安瑪麗和我如原生赤裸，在梅麗莎面前呈現了我們最真實、最脆弱的一面，這是我們人生中與任何人都從未有過的經驗。安瑪麗和我都流了不少眼淚。

安瑪麗仍然和布拉德利在一起，不過我現在對此事比較釋懷了。在過去的一年裡，我跟安瑪莉的關係時近時遠。疏離時，都是靠瑪雅把我們拉在一起。為了要安排照顧瑪雅，我和安瑪莉必須保持溝通才能協調行程。直至今日，我依然堅信，要不是瑪雅為我們的重圓奮戰，我跟安瑪莉兩人早已分道揚鑣了。說真的，其實一刀兩斷分手要比下功夫提升自己還簡單得多了。然而，我跟安瑪莉持續的努力於自我成長很大的一部分就是為了瑪雅，因為我們都希望當一位最稱職的父母。

因為我和安瑪莉有同一位人生教練，我們也學到了一套共同語彙。有時一人把瑪雅送回另一人家時，我們會在沙發上長談，彼此分享工作中所學習到的。與梅麗莎一對一的諮商過程裡，安瑪麗也有了和我類似的突破。我們開始把彼此關係中出現的問題連結起來，這時候的感覺就像大學時，我們無話不談、用心傾聽、相互瞭解，我們再次成了朋友。我們一起去滑了幾次雪，也在舊金山灣開船航行了一天，重溫柏拉圖式的浪漫。或許這是我們的命運，我倆將永遠被瑪雅和我們共同的過往綁在一起。也許未來我們會只是朋友，只會是有個共同

孩子的父母，雖然這不是我們當初所期待的，但也未必是壞事。

讓我重拾年輕時代感覺的不僅止於與安瑪麗的新關係。自從安瑪麗搬出去後，我倆便分配時段照顧瑪雅。我會利用空檔的時間和老朋友們一起活動，比如說跟皮特去騎登山越野車和衝浪，我也會每週早起一次，和托德一起長跑，每個月我也找馬特一起打高爾夫球。某個週末，我們特地開車去沙加緬度（Sacramento）聽搖滾音樂會。那感覺就像回到高中最後一年和大學一年級的時候，那是我生命中一段美妙的時光。當時的我，賣大麻被抓到後，正走回正軌，身邊有一群要好的死黨。我和安瑪麗瘋狂的熱戀著，同時，我也埋首於課業，著手打造一個全新的未來。這種氛圍此時重新再現，我滿懷希望，感覺神清氣爽，更加樂觀地認為所有的一切都將好轉。

那時的我是個優秀青年。我已經很久沒有喜歡自己了，但每當想起那些年的傑森，我就很喜歡他、很想念他，非常想和他重新連結。我從他開拓的路徑走叉了，但也許我可以回到當時的叉路口，這次，往另一個新方向邁進。

除了鼓勵我保持單身之外（讓我可以專注於自己的工作任務），梅麗莎也鼓勵我要一切從簡。「傑森，你一生都在奮鬥努力，」她告訴我，「我保證有方法能用更少的精力創造出更多的豐盛。」

我不懂她的意思。坦白說，她的話有點冒犯了我，挑戰我的敬業態度就是挑戰我的核心價值。

「我之所以有眼前的成就，是因為我非常努力上進。我不能整天在沙發上打坐，出家人不會有房貸。」

她笑道，「相信我，傑森。」

我對她的信任與時俱增，所以我願意試試看，開始簡化我的生活。在她的協助下，我分辨出有哪些事物和人際關係是我不再需要的，然後慢慢放手——或「減掉」。我發現許多人都很善於收藏與蒐集。我們蒐集物品、計畫、責任和關係，但不擅於剔除那些對我們不再有用的事物。我開始送出我不需要的物品和不再穿的衣服，我停止看電視、取消電郵訂閱，也婉拒了大多數的邀約。我會完成進行中的專案，但會謹慎評估要不要開始一個新的計畫。逐漸地，我的生活多了之前未曾有過的空間，也有多餘的時間能做其他事，比如，能坐在椅

113

子上看海。之前我不會如此靜靜的坐著，我總是匆忙奔波，以自己的忙碌自豪。保持忙碌是我向世界展示我有多成功的方式之一，它是一枚榮譽勳章。但我慢慢學到，原來保持忙碌是一種逃避，逃避全心全意的與別人共處、逃避跟自己獨處、逃避所有的感受。

***

大約六個月前，安瑪麗和我的關係降到了谷底，感覺終究會走到離婚那一步。我找了一份工作來分散我的注意力，讓我不用在婚姻問題中繼續來回打轉。那時我也已燒掉了許多積蓄，最終必須停止揮霍。重回職場後，「一切從簡」成了我的方針。我只專注在那些我非做不可的事，令人驚訝的是，努力程度降低了，我的產值卻增加了。我甚至鼓勵我的屬下也採用同樣的工作態度。梅麗莎說得沒錯，事半功倍是可行的。對我來說，這是一種全新的工作和生活方式。更重要的是，我這才發現，離開 Palantir 這一年，我真的變了很多。我與人互動和處理工作的方式完全不同了，整個人煥然一新。

我可以改變，我還有希望。

幾週後，安瑪麗在電話中告訴我，她與布拉德利的關係要結束了。

「但是，小傑，我並沒有要跟你破鏡重圓，」她接著說，「我需要獨處一段日子，好好認識自己、瞭解我想要什麼。」

「我明白。」我是真的懂。我們倆目前的處境相似，雖然很煎熬，但我必須有耐心。

轉眼幾個月過去了，梅麗莎繼續掄著巨大鐵球狂砸我的人生，「你的根基不穩，傑森，」有一天她對我說，「我們必須拆除你原本搭建的所有東西，把地基挖空，重新灌漿，這樣你才能以誠信和正直營造你全新的人生。」

當時，我並沒向她坦承我對色情片上癮或過往偷腥的事，但她總是強調做人要誠信正直，似乎知道我隱瞞了一些事情。幸好我有太多問題需要她的協助，

114

她還有很多其他的事情要處理。

隨著我的改變，我意識到我不再喜歡我的工作了。那年秋天，也就是我開始這份工作大約一年後，我辭職了。梅麗莎鼓勵我先放空，不用急著找下一份工作。

「一份工作就像一段感情。如果沒有花時間從中成長就跳進另一份工作，那將會是無止盡的惡性循環。」

她是我的良師，我再次聽從她的建議，決定先休息一下。我會利用這段時間繼續努力提升自己。我打算去山裡生活一段時間，雖然到樹林裡進行一趟靈魂探索之旅聽起來是個老梗，卻相當吸引我。我也可以去滑雪，這是我十七八歲起就喜歡的運動。整個計畫聽起來很完美，可以讓我與跟年輕時的傑森再次重逢，讓我有機會再次認識他。

我在電話上跟安瑪麗提了這個想法，「我想在下一份工作開始前去個滑雪小鎮過冬，」我說道，「但我不確定瑪雅該怎麼安排。我大概會待三個月。我帶她一起去嗎？還是我們每個月或每幾週輪流照顧她呢？」我們討論了一會兒，然後安瑪麗問，「或者我跟你一起去呢？」雙方靜默了許久。瑪雅又再一次拉近了安瑪麗和我的距離。

我壓根沒有想過這個選項。安瑪麗幾個月前跟布拉德利分手了，但她已明確表示還沒有準備好和我復合。她開始改變心意了嗎？

「當然！」我無法抑制興奮，「那太好了！」

接下來的幾個月，我們忙得不可開交——挑選城鎮、尋找住所、幫安瑪麗搬離她的公寓。經過一年半的諮商、輔導和自我反省，我們倆再度成為一個團隊。就像大學剛畢業的那段歲月，我們不知道未來的關係會如何進展，但確信我們是彼此最好的朋友。我們即將出發前往另一個冒險。給房東遷出通知的那天，安瑪莉在電子郵件中跟我分享了她的感受：

該辦的事都搞定了。來吧，波特諾伊……雖然感覺有些窒息，但我相信一切都會順利的 :-)

一個月後，在一個冰涼晴朗的一月天，將瑪雅和裝備放上車後，我們開上八十號公路往東開始了漫長的旅程，前往猶他州的帕克市（Park City, Utah）。瑪

雅和安瑪麗同車，開在我前面，我看著她們在公路上蜿蜒前進，穿過太浩湖（Lake Tahoe）附近的內華達山脈。離開加州時，廣闊的內華達沙漠在我們面前開展，我看見了一個全新的風景，一個嶄新的未來，我得到了補救的機會。這是我重新開始的契機，我決不會搞砸的。

可是，正如我在大學當交換生時所體認到的，人不會因為換了地方就改變習性。最終我會了解到，唯有與過去徹底斷絕，一切才能重新開始。 我花了很多功夫接受治療和輔導，我也確實改變了很多，但我仍然沒有向他人透露我沈迷於色情片和我之前的風流韻事。我對梅麗莎有所保留，這意味著我和她一起努力的部分無法深入核心，也表示我的成長空間有限。

相對地，安瑪麗一直毫無保留的討論她的婚外情。她徹底地投入自己的課題，成長卓著、改變了許多。她願意加入我的冒險之旅，就是給我投了信任票。只是，我值得這份信任嗎？

###

第九章

「……然而在表面之下是一個感到空虛和所求不滿的孩子：身體已然成人，裡頭卻窩居著孩童的需求。這個所求無法得到滿足的孩子是所有強迫／上癮行為的核心。」

—約翰·布拉德肖

《療癒束縛您的羞恥》（Healing the Shame That Binds You）

2013 年 7 月

站在開闊的田野上，我欣賞著遠處的山景。蔚藍色的天空萬里無雲，搭配地平線上綠樹、黃草的映襯，一幅美麗的圖畫就在眼前。猶他州和煦的陽光輕撫著我，我閉上眼睛，深深吸進一口氣，企圖與這一刻合為一體。這般溫暖的感受，讓人有回到家的感覺。

出神的狀態被不搭調的引擎發動聲打斷了。我睜開眼，看到挖土機緩緩地啟動，正準備要開挖，為我們的新家打造一個地基。

移居到帕克城已經有十八個月了，這座小城無可挑剔地滿足了我們所有的期待。剛搬到這裡時，人生地不熟，一家人在一間小公寓裡離群索居的度過了第一個冬天，在厚厚的積雪中嬉戲，笑呵呵地喝著熱可可。我們全家團聚、療癒著，安瑪麗和我又更親密了。在帕克城第一個春天的一個晚上，瑪雅入睡後，安瑪麗和我坐在沙發上不知不覺地促膝長談了起來。

「你覺得我們還能回到以前那樣嗎？」安瑪麗問道。

回答之前我斟酌這個問題，「不，我不覺得。」我停頓了一下，努力想出適切的言辭表達自己的想法。

現在的我們跟從前不一樣了，也許這是一件好事。以前的狀況其實並沒有很好。表面上看來可能不錯，但其實並不好。」我挪動了一下身子，以便能直視著她。

「我們無法回到從前，現在我們只能往前邁進。雖然現在的我們已有很多改變了，之後的一切會跟過去截然不同，但我認為未來會更加美好。」

我滿懷希望，信心堅定。經歷過之前的風雨，加上在諮商課程中的學習成長，我們脫胎換骨，安瑪麗和我不再是十年前結婚時那對滿懷幻想的孩子了。我們現在不一樣了，我們的婚姻受到了有如戰爭或是重大天災般的考驗，我們遍體鱗傷，但我們存活了下來，並且更清楚了。

在那次沙發徹夜長談後不久，安瑪麗和我決定定居在帕克城，她覺得這裡的環境很適合養育瑪雅，而我是看上這裡較低的所得稅率和生活成本。回想起來，當時決定在此定居並不是因為以上的這些原因或是任何刻意的選擇，完全是遵照我們內心深處的感受。在這裡，我們可以遠離過去陰影的糾纏；在這裡，我們有了新生的空間；在這裡，我們有一個可以重新開始的處所。

瑪雅開始上學了，我們也送她去當地的舞蹈教室上課。那年秋天，安瑪麗開了一間果汁吧，專門賣有機冷榨果汁。幾個月後，我開始了自己的新事業，創立了一個風險投資基金。到了年底，我們開始計畫蓋一棟自己的房子，並考慮生個二寶。

新城市、新工作、新房子、新家庭，一個嶄新的開始。

其實不然。

***

我已循規蹈矩好一段時間了，但是對色情片的沈迷繼續在暗地裡小火沸騰著。其實，當時的我並不認為我看色情片的習慣是個問題。透過一番自我檢討，我理出了自己生命中有哪些惡習是我之前忽略的，大多都跟工作和賺錢有關。

對我來說，看色情片不就是所有男人都會做的事情，何罪之有？

問題是，我依然沒認清色情片對我來說是毒品。色情片不但是毒品，還是一種引誘人上鉤的入門毒品。色情片是進入黑暗世界的通道，那是個充滿謊言、罪惡感和羞愧的世界。即使當時的我只是偶爾看看色情片，我仍舊繼續與黑暗共舞。於是，黑暗又漸漸地把我拉了回去。

任何一個創業者都了解創業的艱苦，我們兩人的事業也不例外。安瑪麗每晚很早就入睡，因為必須在黎明前就要起床製作果汁。為了發展基金業務，我時常在電腦前工作到凌晨，我也經常返回舊金山參加會議。再一次，我們倆又成為最熟悉的陌生人。多數的夜晚當她已熟睡後，我才悄悄爬上床；她早上五點左右靜靜地起床時，我還睡意正酣。電腦前的挑燈夜戰、出差不斷，我昔日的惡習又悄然回歸。

***

第一次在網站上看到 Ashley Madison* 的廣告時，我被那露骨的口號震撼到：「人生苦短，及時行樂」。極具挑逗的文字大方暴露在我眼前，不僅堂而皇之刊登在網頁上，甚至明目張膽地鼓勵我外遇。當我點擊進入頁面時，我的下巴差點掉下來了。相形之下，之前的 Craigslist，甚至伴遊小姐根本不算什麼。這裡有成千上百個年輕貌美的女性，熱情又大膽宣傳著願意和已婚男子來場戀情。在鍵盤上再多點幾下，我發現了更多類似的網站，其中最吸引我的叫作「甜蜜定制」（SeekingArrangement）。

「甜蜜定制」是一個交友網站，專門幫魅力四射的年輕女性或男性（稱為「甜心寶貝」（sugar babies）找到願意為她／他們經濟上提供支援的富有年長男女（稱為「甜心爹地」(sugar daddy) 和「甜心媽咪」(sugar mamas) 以換取她／他們的……「配合」。網站內容一點都不模糊或曖昧不明。「甜心寶貝」名單上清清楚楚的的列出了她／他們要求的經濟援助以及她／他們願意「配合」的頻率。每位都附上個人照片、身高、三圍數字和回饋期待值的敘述。同樣的，「甜心爹地」的個人資料也相當清楚，包括願意金援的數目

以及期望得到「甜心寶貝」什麼樣的「配合」作為回報。這個網站膨脹了經典的男人對權力的幻想，也激發了一般男人想「照顧」女人的天性，而我就這樣被吸引了。

在梅麗莎的諮商課程裡，我算是個勤奮的學生，但安瑪麗才是五顆星的優等生。我還是暗藏著秘密，她可沒有，她完全公開透明，直言不諱地把所有的事情都攤開來討論。她竭盡心力地掘挖自己殘破的地基並灌補新的泥漿，創業是她內在工作取得進步的外在體現。她正在她那新的、更為堅固的基地上營造一座新大樓。隨著她的進步，有件事情也越來越清楚，那就是，她實際上並不需要我。如果我腦子裡仍然殘存著男性是一家之主，或她和瑪雅極需要我的照顧的刻板印象，她正系統性地將這些陳舊觀念一一粉碎。雖然彼此沒有把話講開，但檯面下卻靜靜地發生著。

隨著她事業的發展，安瑪麗的信心日益增強，她對我可能曾有過的依賴亦隨之消逝。她不再需要我提供任何與律師或會計師溝通的建議，也不再需要我幫忙製作數位試算表。真的，沒有我她也活得好好的。她正在成為梅麗莎三年前為我們所設定的目標——成為一個健康的全人。然而，我還差得遠呢。

我的地基仍有裂縫和孔洞需要填補、我需要覺得自己被需要、我需要感到被渴望、我需要被關注。「甜蜜定制」上有上千年輕女性在宣傳她們願意給我所需要的東西。

是的，SeekingArrangement，我在尋求什麼，我企求被關注。

我沒有察覺到我已受到這些需求的使喚，而潛藏在表面下的那股特權感和無數的藉口，正在蠢蠢欲動，為我的行為開脫：我是一個成功的男人，我需要性愛，這是天經地義的，這是只要是男人都會做的事。雖然這套說詞是歪理，但當初看到這網站的規模大到有數百萬註冊用戶，我還真的認為自己正在幹的事，嗯，算很正常。

沒幾個星期，我就建立了自己的個人資料，隨即開始在鹽湖城（Salt Lake City，距離帕克市約 32 英哩）或到舊金山出差時和年輕女性見面。基於安全考量，我會堅持先約在咖啡店或酒吧見面。有些初次見面後就沒了下文，但多數的時候是在汽車旅館、對方的公寓裡，或停車場一個暗角的車裡收場。有一次透過「甜蜜定制」，我搭上了一位史丹佛大學的學生。她開著她父親剛送

她的全新奧迪來舊金山見我。我們聊了一個小時後，就送她回家了——她太年輕了。之後我找了另一位年輕女性，我們的關係就像「甜蜜定制」所兜售的模式，她年近三十，從事藝術工作。在六個月的時間裡我們約會多次，我利用出差的機會訂機票把她送到我前往出差的城市和我見面。

追逐帶來的興奮和匆促強化了我的自我（ego），每次的行動都有那麼短暫的時刻讓我感到被需要。但這就像吸毒一樣，當「自我」對這快感的麻木消散後，內心深處總是比先前更空虛、更孤單。寂寞、空虛、內疚、羞愧霸佔了我的內心。當時的我，根本沒自覺到我正大步邁向的危險地帶。每一次偷腥，我都在一點一滴地摧毀著自己，讓我地基上的裂縫越裂越大，進而更加沉迷於自我摧毀的行為中。這是個惡性循環，但我已經深陷其中，蒙蔽至盲。

隨著時間的流逝，當安瑪麗越來越獨立，更能自食其力時，我的需求變得越來越難滿足。終於，「甜蜜定制」上的女人不夠好玩了，我開始定期上按摩院。在一次前往芝加哥出差期間，有天晚上我在飯店走廊上遇見一位已婚女子，糊里糊塗的，第二天我們就一起躺在她床上了。另一個晚上，在舊金山，我去了一家脫衣舞俱樂部，撩了一位舞孃。她下班後凌晨兩點打電話給我，我們立即見面，廝混一晚，事後我們就沒再聯絡了。

有一次我鋌而走險，看上了瑪雅的保姆。謝天謝地，她很明智地拒絕了我的撩撥。事後我腦子裡跑過一串警語——「你怎麼這麼蠢！你到底在想什麼？！」—— 但這樣尚不足以提醒自己已經喪失了理智。我受到內心那暗黑的自己所驅使——低等的動物慾望。現在我是一個掠食者，我再度失控了。

終於，就像在高中時一樣，我大聲呼救，好讓人聽見我在求救。

***

在我們家破土動工將近一年後，二〇一四年五月一個晴朗的春日裡，我走在舊金山教會區（Mission District）的一條小街上，邊走邊和我們基金投資的一家早期新創公司執行長埃德通電話。我們每個禮拜都會通話，但在這一個多月

123

來，他每週都以太忙為理由取消。早期新創階段的公司可能會有很多突發狀況，所以我迫切的想跟他聯絡。

在電話上，他向我介紹了公司最新發佈的產品特色，我對他們的進展感到興奮。但對話突然停頓了下來，氣氛變得詭異又彆扭。

「嗯，是這樣的，這對我來說很尷尬，」他開始說，「但是，你在一月時是不是和萊斯莉一起出去玩了？」

我停下腳步、盯著人行道。萊斯莉是埃德公司的員工，原來這就是他一直取消我們電話會議的真正原因。

「是啊，」我清清嗓子，「是啊。」

「喔，」他沉默了幾秒，「那件事讓她很不高興。」

我的心跳突然漏了一拍、視線變得模糊，接著什麼也聽不見了。一群學童在人行道上從我身邊衝過，但我的大腦幾乎無視這些喧鬧。我搞砸了！

接著又是長長的靜默。「我真的很抱歉，埃德，我真是太蠢了。」

「唉，」我能感覺到他試著謹慎地斟酌自己的措辭。

「怎麼會提到這件事的？」埃德還來不及回答，我又追問，「什麼時候提起的？」

「她大約是一個月前說出來的，她說整件事讓她覺得很不舒服。我們很鄭重地處理這事，內部經過一番討論，也聽取了律師的建議。坦白說，目前的情況不好，我一直在迴避和你通電話，因為我不確定該怎麼處理。我從來沒有遇過這樣的事情。」

我呆立在人行道上，心狂跳著但身體卻無法動彈。埃德是位年輕的執行長，戮力打造一家成功企業，照顧員工，為投資者帶來豐厚的利潤。萊斯莉是位聰明的年輕女性，事業和生活都剛在起步。我愚蠢的行徑、不負責任的作為讓他們全都受到了傷害。我理當要扮演大人的角色，當個有經驗的風險投資者，幫協助他們創建公司，但反而我舉止魯莽，造成所有人巨大的困擾。我好想吐啊，只能低聲說，「我真的很抱歉，埃德。」

「是的，我知道你很愧疚。」

此刻，畫面一幕幕在我腦海閃出。事發後的隔日早晨，外頭的天色仍然很黑，我突然身體一顫、猛然驚醒，一股恐慌感衝至腦門。我幹他媽的在做什麼？！我是有多蠢啊？！我居然跑去我投資公司的女同事家，不僅跟她獨處，還試圖說服她與我發生性關係。我不敢相信我真幹了這種事！我必須做損害控制，我得跟她談談。天哪，我做了什麼？

杵在人行道上，我回到現實。「隔天我打了電話給她，」解釋道，「我以為我們只是喝多了，不知不覺地犯了蠢事。我萬萬沒想到會影響她這麼深。你想，我是否該打電話跟她道歉？或者寫封信之類的？」

「不用，不用，」他急著回答道，「我認為你不應該再跟她聯絡。其實，我們的律師覺得好險你事發之後就沒有再試圖聯絡她。」

「哦好。接下來會怎樣？」

埃德嘆了口氣，「老實說，我不確定。我認為我們內部需要好好討論，我不知道她下一步會怎麼做，我們保持聯繫。」

掛斷電話時，我幾乎可以看到某個矽谷的新聞網站上出現的標題：風險投資人勾搭其投資公司的女員工。

我在幹什麼啊？為了替第二支基金籌募資金，我和合夥人預計幾個月後前往紐約市，這事件如果爆開來，公司就完蛋了，我的創投生涯也結束了。那安瑪麗呢？在我倆經歷了之前的所有風雨之後，我怎麼還做出這種事？

如果安瑪麗和我在分居時有學到任何事情，那就是我們必須對彼此加倍坦承。我認同這概念，但行為上我的「坦承」是選擇性的。我們雖然更誠實的跟對方分享心中的想法，但我從來沒有老實說出我的色情片癮或偷腥的習慣，我仍然把這些秘密鎖在一個分離的平行宇宙中。

這事件很有可能會東窗事發，但我不希望安瑪莉從別的地方得知，所以我決定親口跟她說。雙腿發軟，我根本無法站著，所以我找到一顆在石牆旁的大樹下坐下，撥了她的號碼。

「早安！」她回答，明亮而充滿活力，「你今天目前還好嗎？」

「已經夠精彩了。」

「哦。怎麼了？」

「嗯，我做了一件不該做的事。」

她的音調頓變，輕盈的氣息漸漸減弱，「譬如說？」

我告訴她故事的濃縮版。

「幾個月前，我在這裡參加了我投資的公司所辦的活動。結束之後，一位員工邀我去她的公寓，我就去了。我當時喝醉了，所以我不記得細節，但我知道我們沒有發生任何性行為。總之，她很不高興，去跟執行長說了這件事，目前情況有點糟。」

隔了很長一段時間她才出聲，

「哇，小傑・・・」

「是的。我真的很抱歉。」我用手抱著頭，隨著秒針的流逝感覺越來越沈重。

「就這樣嗎？」她問。

「是的，這就是整個來龍去脈。」

「這種事以前發生過嗎？」

「沒有，這是第一次。而且那晚之後我再也沒有和她說過話。我是個白癡！真的很抱歉，安瑪麗。我不知道接著會發生什麼事，但我覺得我必須跟你親口坦承。」

「好的。」她很安靜。

她嘆了口氣，「這件事我們等你回家後再詳談吧。」

「好的，沒問題。」我多少鬆了一口氣。「我也想聽梅麗莎的建議，半個小時後我會跟她聊，能邀請你一起參加嗎？」

「當然。」

接下來的 30 分鐘，我在教會區的住宅街道上漫無目的地亂逛，想著這一切所發生的事。

慘了！死定了！真的是媽的，幹！

我無法思考其他事情，一切都變得難以捉摸。那一刻，世上其他的一切對我都不再重要了。

我在一條安靜的街道上找了一處台階坐下，在約好的時間打電話給梅麗莎。我告訴她，我有一件特別的事情想討論，希望安瑪麗能加入。安瑪莉和我時常進行多方通話，所以這請求不算奇怪。梅麗莎同意了，於是我請安瑪麗加入通話。

「好，」我嘆了口氣後開始說著同樣的開場，「我做了不該做的事……」把剛說給安瑪麗的故事重複了一遍講給梅麗莎聽。

讓人感到毛骨悚然地，梅麗莎問的問題竟然跟安瑪麗一模一樣，連順序也完全一致。

「就這樣嗎？」

「對，就這樣了。」

「這種事以前發生過嗎？」

「不，從來沒有。」 我再次撒謊。

「嗯，準備好，接下來會有比這還有意思的。」

她建議我必須誠實說明事情發生的緣由，不管結果如何，我都要欣然接受。這是讓我、安瑪莉、萊斯莉和公司能保留住顏面，也是讓大家的痛苦指數降到最低的處理方式。

「我們之後會討論為什麼你會為自己製造出這個狀況，還有，你可以從中學到什麼。但現在我最關心的是安瑪麗，」她說。

她的說法出乎我的意料，不過我完全同意箇中道理。

「安瑪麗？」梅麗莎問。到目前為止，安瑪麗一直保持沉默。

「是，」她回答。

「我想用接下的時間來輔導你，你可以嗎？」

「當然。」

「很好。傑森，我會試著在今天所有晤談結束後再打電話給你。」

以我對梅麗莎的認識，她這些話的弦外之音是，「你需要先沈澱一陣子為你的行為負責，沒有人會救你。」

結束通話後，我待在台階上坐了幾分鐘，腦袋一片空白、完全無法運作。我緩緩起身前往原先預定前去的辦公室。到達時心煩意亂，不想與任何人有眼神交流。我直奔會議室，關上門。我只想在安靜的地方坐一下。

接下來的幾週內，與埃德又通了多次電話，我再次表達歉意，並表示我將全力配合任何必要的調查或解決方案。我也向我的商業夥伴保羅解釋了情況，以便他在情況惡化時預先做好準備。

從舊金山回到家後，我和安瑪麗就此事件又進行了多次的溝通。她很受傷。我向她保證這是第一次發生這樣的事情，並且也會是最後一次。最終，她對這情況勉強地採取了隨遇而安的態度，不安的感覺也就逐漸消退了。也許是因為她相信我，也或許她並不相信，只是不想知道真相，因為真相太痛苦了。我畢竟無法確定，不過她並未繼續追究反讓我鬆了一口氣。

另一方面，梅麗莎可沒有那麼輕易就此放手。

*Ashley Madison 號稱為全球最大的婚外情交友社群網站。

第三部

這是真正的我

第十章

「我們迷戀當下的自己及與其所有相關的一切，使得我們對他難以割捨，以致於另一個自我無法誕生。」

– 愛默特·福克斯博士，《愛默特·福克斯失落手冊》

2014 年 5 月

我正在和梅麗莎進行電話晤談，她再度把鎂光燈聚焦在我的潛意識。她知道一部分的我繼續躲在我的心牆裡——我知道她看得出來，因為她有越來越多問題是我無法誠實回答的，只要一被問到，我就沈默以對。

有一度我安靜下來的時候，她突然插話說，「傑森，此時此刻，你在想什麼？」 話語中帶有急迫性。

我正在想我之前說過的謊，就隨口答，「沒什麼，我現在腦子一片空白。」她很清楚我沒吐實，我也知道她知道。幸好，她繼續用我所分享的內容進行諮商。或許她知道，只要她讓燈光亮著，我的心牆終究會倒塌。

「萊斯莉事件」發生後的那幾週內，她問我好幾次這樣的事情是否真的只發生這一次。梅麗莎指導過無數婚姻不忠的案例，她跟我說，她很清楚哪裡冒煙，那裡就有火。

也許是因為她的堅持，或者這次我真的嚇壞了，我的思維開始有了轉變。在此之前，我出軌的行為讓我和安瑪莉的關係陷入險境，連職涯也可能一併賠上。更嚴重的是，我的劣行在單純年輕女性的生命中留下了創傷。跟交友網站上打廣告的女人勾搭是 一回事，但跟瑪雅的保姆？跟投資公司的員工呢？我是一

個年長的已婚男人，提出不倫邀約、勾搭年輕女子，這樣的我向她們傳達了一個連我都深受其害的訊息，這還完全符合社會的刻板印象：男人不可信、男人是軟弱的、男人是掠食者，眼中只有一個目標。更糟的是，我也暗示她們，她們唯一的價值是就「性」。這給她們帶來了什麼影響？又將如何影響她們未來的人際關係呢？我沒有確切的答案，但我知道這絕非好事。

這事件讓我從迷茫昏睡中微微睜開眼睛，足以讓我看清我又走入歧途了。我對自己的行為感到畏懼，因為我一直在傷害無辜的人。我不能再讓情況惡化下去了。

終於，有一天在梅麗莎再次問起後，我的一面心牆出現了一條細小的裂縫。

「是的，那是我唯一一次（勾搭女員工），不過……還有其他的事。」我開始說道。

「好，」梅麗莎說，「我洗耳恭聽。」

「天啊，我不知道該怎麼開口，太尷尬了。」

「真的嗎，傑森？尷尬？什麼情況我都輔導過，你說什麼都不會讓我驚訝。」

「好啦，好啦，」我試圖阻止，但擋不了，不說不行了，「我無法停止看色情片。」這幾個字突然從我嘴裡衝了出來，同時也將我打趴在地。

「什麼？色情片？」她笑了，顯得很驚訝，「你是說色情片嗎？」她強調了那三個字，讓我坐立難安。因為這些年來，除了有一次和安瑪麗提起之外，我從來沒有和任何人談論過這件事。因為我知道，一旦說出來，我的人生就會有巨大改變，而我十分害怕面臨一個不確定的未來。

「是的，色情片。說來尷尬，但我沒辦法停止看色情片！」我激動地大聲說著。令我困惑的是，說完之後我反而感到興奮。我用笑來掩飾尷尬，不自覺地坐挺了身體，更多的告解接著傾瀉而出，「我每天都看，應該是說有些日子我不會看，但有些日子裡我一天內會看兩次。在特殊的情境下，比如當我整天一個人在家感到無聊時，可能還會看更多。」

「安瑪麗知道嗎？」她問道，變得好奇了。

「不，起碼我認為她不知道，我認為我隱藏得很好，通常我會在晚上她上床睡覺後或不在家時才看。」

「這種情況已經多久了？」

「自從我上大學時有了第一台可以上網的電腦開始，所以有十八年了。有段時間我不太看，但有時會看很多，像是一天好幾次。」

「有意思。」她的語氣中沒有評斷，只是在換檔。

「好吧，我想你不必為這感到尷尬。性產業非常龐大，我輔導過很多看色情片的男人，貪戀情慾在所有男性意識中佔有很大部分，但這行為確實會奪走你的力量，並剝削女性。這都不是好事。」

她說的沒錯，「奪走你的力量」這句話深深引起我的共鳴。有時當安瑪麗和瑪雅出城時，我會狂看色情片，事後就會感到疲倦，感覺被榨乾了，如同失去了一部分的生命力。當我努力爬回到現實時，罪惡感和羞愧感的浪潮襲來，導致我又看更多色情片。有些日子，我會重覆來回很多次，一天結束時，我感到精疲力竭，彷彿生命能量用盡了，唯一能做的就是睡覺。

她對這些情況的理解讓我感到安慰。突然間，我覺得輕鬆多了，一種如釋重負的感覺。

「好消息是，類似的情況我已經輔導過非常多了，」她打斷了我的思緒，「準備好下功夫了嗎？」

「是的。」我坐得更挺了，閉上眼睛，我已經準備好了。

「我們開始吧。」

***

向梅麗莎坦承色情之習幾週後的某個晚上，我在廚房洗碗，安瑪麗哄瑪雅上床睡覺後下樓來，她拿起一條毛巾，站我旁邊幫忙擦乾盤子。

「今天和梅麗莎的晤談進行得如何？」她問。

「真的很棒，」 我停下手頭的事情，轉身看著她，「我還沒有和你分享這個，幾週前我告訴她我迷上看色情片了，我覺得我需要戒掉這個習慣。」

安瑪麗顯然沒有預料到我會這樣回答，睜大眼睛驚訝的看著我。她放下毛巾，然後我們移到沙發上繼續這個話題。接下來的一個小時我都在回答她的問題：這習慣有多久了？什麼時候看？在哪裡？多久看一次？

我毫無保留的逐一回覆。 她甚至問我看什麼樣的色情內容，儘管這些問題令我侷促不安， 我還是坦然告知了。

這些是我最不可告人的秘密。在向梅麗莎披露之前，我從來沒有跟任何人講這件事，絕對沒有。現在秘密公開了，我覺得很赤裸，但出乎意料的是，我也有一股解放的感覺。那晚的談話將我與安瑪麗的關係提升到了一個全新的境界，願意分享如此私人、如此脆弱的東西，這才是真正的親密關係。 雖然我還沒有走出困境，但我知道我正在進步。

接下來的幾個月，梅麗莎毫不懈怠地與我深談色情片如何削弱我的力量。我也開始明白，原來沈迷色情片是一種麻醉，或自我療癒的方式，藉以逃避某些痛苦。梅麗莎協助我深入挖掘，試圖找出究竟是什麼創傷導致我的痛苦。我再次體會到和她一起處理問題的過程儘管很嚴峻，但回報也很豐厚。我能感覺到自己已然敞開心扉，就像一朵逐漸綻放的花朵。

我繼續向安瑪麗開誠佈公地談論我看色情片的習慣，她也坦然地回應我。色情片令她感到不舒服，如同多年前在大學時我曾邀她一起看時的反應一樣。當她想著我盯著其他女人的身體時，她感到被侵犯了，如同我對她不忠一樣。這令她感到噁心、反感。幸好，安瑪莉有梅麗莎可以協助她如何從這件事中學習對自己所面臨的課題下功夫。

我開始記錄沒看色情片的天數，當我達到某個里程碑時，我感到自豪。我向父親坦白此事。有一次去加州探望安瑪麗的媽媽時，我甚至也向她坦承。

「怎樣，你最近如何？」 我們在餐桌坐好後，她問。

「嗯，我對色情片成癮了，我正在努力戒掉這個習慣。」我據實以告地回答她。

當安瑪麗和她媽媽差點把嘴裏的食物吐出來時，我才意識到也許我不需要對每個人都這麼坦白。

我繼續很邁力的和梅麗莎一起努力，但在獲得一些初步進展後遇到了瓶頸。事實證明，十八年的色情片癮很難戒掉。為了嘗試不同的方法，她引用了「內在人格」的新概念。梅麗莎告訴我，我們每個人的內心都有一組人格。我們有「勤勞者」、「跑趴咖」、「老實人」、「大騙子」等等的內在人格。有些內在人格充滿愛心，有些很自私，不勝枚舉。每一個人都是眾多內在人格的組合，而外人看到的「個性」，其實就是我們最活躍或最突出的那個內在人格的外在顯現。

這個概念帶給我很大的震撼和力量，領悟到這一點時，我開始有能力以抽離的態度，來探討我看色情片的惡習，我似乎成了一位觀察者。原來，不是傑森在看色情片，這是他的某個內在人格的行為。傑森並不是一個壞人，是他的某個內在人格在搶戲。這種抽離幫助我減少羞恥感，也降低了對自己性成癮的尷尬程度。 這也讓我可以更仔細地探討為何我養成了看色情片的習慣，而不是一直不斷的自我批判。

當然，那個喜歡看色情片的內在人格該有個名字，「我們就稱他叫風流痞子吧，」有一天梅麗莎說。 我們都笑了，這個名字就此沿用了下來。

***

又過了幾個月，我與梅麗莎進行了一次晤談。自從有了風流痞子的名字後，我開始一步一步來了解他，認識另一個自我，即我一生中一直隱藏在陰影中的部分──不僅在陰影裡，甚至深藏在黑暗之中。 隨著我挖掘已露出裂縫的部分地基，一些心牆也已開始崩塌。這是一項艱難而痛苦的課題，不過當我對梅麗莎和安瑪麗越打開自己的心扉，我就越覺得輕鬆。我為自己所做到的進步感到自豪。因為每天的進展，我感覺更有活力了，我能更成熟地面對我一直以來感到羞恥的這件事，並努力改正它。

我的生活可以更清楚的聚焦之後，我發現到我的風流韻事可能會導致我失去家庭和事業。即使在最好的情況下，這些狗屁倒灶的事也會削弱我的力量，破壞我正努力建立的創投公司。這些情況都非我樂見，因此更強化了我要徹底改變自己行為的企圖。我還沒準備好告訴更多人我的事，但我有把握，只要停止看色情片，其他事情也會停止。

梅麗莎現在晤談開始時都會問，「這週風流痞子怎麼樣？！」 她很興奮的問起，好像迫不及待地想打聽最新的八卦或在追八點檔的最新劇情一樣。這種輕鬆的氣氛軟化了這嚴肅的場面，並為我們的談話設定了一種不帶批判的調性，讓我能自然而然的分享一些非常令人尷尬的細節，有時候我甚至無法相信我自己居然能把這些話說出口。

我越了解風流痞子，就越意識到我不喜歡他。更正，我恨他。風流痞子在陷害我。風流痞子很聒噪，令人討厭，他只想要金錢、女人和關注，他貪得無厭，永遠不會滿足。他也不為自己的行為負責，他不在乎他的惡行正讓我所愛和所關心的事情、我的家庭和我的事業處於風險之中。他不停的傷害無辜的人，他是個自私的混蛋。

在今天與梅利莎的晤談中，我閉上雙眼讓她引導我想像所有內在人格都聚集在同一個空間裡——在一個演藝廳裡，所有身份列席而坐，只有一個例外——風流痞子，他正在舞台上一支獨秀，想要獲取其他人格的注意。其他人格對他越來越惱火，其中一位在觀眾席上大喊，「坐下，閉嘴，我們受不了你一直在刷存在感！」

風流痞子停下了動作，廳內一片肅靜，他回頭瞪著觀眾席，「幹，去你的！」他終於吼了回去。「去你們的！沒有我，你們擁有的就少了一大半。你正在蓋的那棟豪宅，沒啦。豪車？沒啦。沒有我，你的豪華生活會變成一無所有。你們需要我，即使你們不想承認，但我就是那個讓所有這些狗屎發生的人，而你們只是舒服地坐在那享受我帶來的金錢而已。」

廳內陷入一陣靜默，我在電話這頭也安靜了下來。那一刻，我意識到風流痞子是對的。我雖然恨他，但我喜歡他為我創造的生活方式；我雖然恨他，但我喜歡因財富和漂亮頭銜獲得的自由和權力。我喜歡我們正在建造的大房子，我愛我的豪華跑車，我喜歡獵捕女人。

我開始明白風流痞子一直是我生活中非常重要的一部分，他是冒險者、策劃者、交易的撮合者。沒有他，我的生活會截然不同。我了解到，我享受了風流痞子擄獲的成果後，我甚至還慫恿他，因此我和他一樣有罪。更糟糕的是，我指責他不承擔責任，其實，我才沒擔當。

在這個內在人格的世界裡，需要有一個領袖對全體人格負責，我知道我是自己內心世界的領導者。身為領袖，我放任風流痞子恣意而為。我不僅允許，為了享受成果，我甚至鼓勵他的冒險行為。如果風流痞子耍性子或是脫稿演出，那都是我的錯，我需要開始為他的行為負責，我需要開始成為我所有內在人格的領導者。在梅麗莎的引導下，我終於明白了這些道理。她用短短的一句話總結：

「你需要長大，成為領導者。」她這句話豪無批評之意，因為字字屬實。

她那段真實簡潔、鏗鏘有力、力量強大的話，讓我一時無言。

「是的，我必須長大。」我重複著，是該長大的時候了。但該怎麼做呢？

###

第十一章

「孩提時，我們害怕黑暗；成年時，我們畏懼光明。」

– 丹尼·瓦茨 （Dany Watts）

2015 年 2 月

向梅麗莎吐露我的色情片癮後已過了八個月了，我一直對目前的進展感到驕傲。我更坦誠了、更有智慧，也更有意識地過著每一天。不過，我的起點相對較低，還有很大的成長空間。如果以自我察覺程度來衡量，我算還在沉睡的階段。幸好，宇宙總有祂的方式對我們發出一次比一次還大聲的警告信號，直到我們領會為止。這次祂要傳答給我的警告不必遠求，就近在咫呎。

去年夏天，一踏進健身房的大門，我就注意到了麗莎。她是健身房的接待員，很年輕，約二十多歲，性格活潑，高高瘦瘦，曲線玲瓏，以風流痞子的獵豔條件來講，她無一不符。

我已跟自己約法三章，一定要安分守己的過生活，之前荒唐的歲月已經是過去式了。

現在回頭看，覺得還蠻可笑的，當時我竟天真的以為可以完全控制我的行為。但那驅動惡行的暗黑力量還是太強大了，這一點也不好笑。有整整三個月我躊躇不安，奮力抵抗那股邪惡誘惑，雖然時間慢得好折磨人，我還是很自豪，我把持住了。

直到我又失控了。

就像飛蛾會撲火的慣性一樣，在第一次踏入健身房後的那三個月裡，我跟麗莎的問候和道別的時間越來越長。到了十月，我以輕浮的口吻回覆她寄來的一封行銷電郵，從而打破了店家與顧客之間的藩籬。看到她回我一個笑臉的表情貼圖時，一股電流舒麻了我全身。她知道這是怎麼一回事，門打開了，遊戲開始了。

到了月底，我們交換了電話號碼，開始互傳簡訊。又過了幾星期，我無法停止癡迷於與她在一起的遐想，開始策劃可以單獨相處的機會。然後，在癡心妄想到達高峰時，忽然，啪！我被叫醒了。我不記得發生什麼事，總之，突然有一段清醒的時刻，我跟自己說，你真的不會想這樣做的，馬上停手。

十二月時，我取消了健身房會員。我知道我正被吸入之前的淫亂漩渦，我決心抵抗，其心之決就像毒癮者把藏在家裡、辦公室或車裡等地方的毒品包通通清空。以為把毒品丟掉，問題就會迎刃而解，但其實每個癮君子都知道這根本是行不通的。

我一直渴望有件事情來分散我對現實生活的注意力，我受關注和逃避責任的需求也持續強烈的存在著。最終，我再也按奈不住了。中斷大約一個月的聯絡之後，我和麗莎又開始互發簡訊了，死灰復燃後，情愫更是升溫。我放棄自我克制，她的回應也加倍熱情。

我們進展到了急欲獨處的地步。她和母親同住，所以很難找到可以擺脫她母親盯哨的時機。終於有一天晚上，我們在她家附近的一個停車場見面了。這是我們第一次在健身房外的獨處，她一上車，我竟興奮到全身發抖。她時間有限，但短暫的幽會讓我的慾望直線暴升，而且越來越強烈。

從停車場開車回家時，那些曾在諮商晤談中所取得的進展似乎都灰飛煙滅了，我淪回到了幾年前的狀態，盲目地追隨動物性本能，不計後果，也不考慮在這個過程中可能會傷害到誰。當前我只專注於一件事——與麗莎春宵一夜，而且非達此目的不可。

隔天我查看行程表，發現幾週後安瑪麗和瑪雅會去安瑪麗爸媽家過長周末，我一個人在家四天。太完美了！在她們出發的當晚我和麗莎敲定了在一家旅館裡見面。

這次約會的實際經驗和我幻想中的期待差遠了。過程中我一直很焦慮，有些地方不對勁。事後，我悵然若失地開車回家，但這也不是什麼新鮮事了，每次一夜情後，我都感到空虛。

回到家後，這股不安的感覺如影隨形地糾纏著我。我爬上床，感到悲傷、孤獨，失落，這是我很久沒有過的感受。就這樣，我重蹈覆轍，又辜負了自己。我大可做其他積極正面的事，但我卻浪費了整個晚上，不顧會危及婚姻導致關係破碎的風險，追求那甚至無法讓我滿足幾分鐘的短暫快感。最後，我輾轉入睡，度過了一個無眠的夜晚。

第二天早上一大早、非常早，我的手機響起，是那個聲音沙啞的女人。

「我女兒在哪？」

***

送我爸媽去旅館休息後，我回到家和梅麗莎通了電話，吐露了一切實情，接著討論我該如何應對。

「你很清楚你必須告訴安瑪麗這件事，」她說。我低下頭。「是的，我知道。」

「打算什麼時候告訴她？」

「我想等她回家後再說吧。」

「不，不，我覺得這樣不妥。 我認為最好是她父母還在身邊的時候告訴她，她會需要他們在身邊的。」

有到需要她的父母在旁陪伴的地步？ 事態真的有那麼嚴重嗎？

是的，的確有那麼嚴重。

「喔好，」想到這我不由得皺起了眉頭，「那會非常難處理。」我大吐了一口氣，想到了一個主意，「你能和我們一起通電話嗎？」

「可以，今晚可以。」

我們又花了幾分鐘排練我的說詞，結束之前她再次答應我會幫助我們度過這次的難關。

「我有預感，這次即將解開一大謎團。」她語畢我們的通話也就結束了。

幾個小時過後，我把爸媽送到了一個陶藝教室，讓他們準備接下來的課程。我告訴他們我需要打個工作上的電話，結束後會儘快加入。

我先和和安瑪麗互傳了簡訊，安排了打電話的時間。一年前我們有次類似的談話，我知道最好直接切入重點。電話接通了，我開門見山：

「我做了錯事，想跟你說明，但我希望梅麗莎也能在線上。」

「好。」她的聲音聽起來很不安。

梅麗莎上線後，我把故事全盤托出，就像剛排練的，句句實言，而不是扭曲或掩蓋真相以試圖扭轉事態。安瑪麗則一直沉默不語。

我說完後，梅麗莎問安瑪麗是否還好，「不好。」聽得出她在哭泣。

梅麗莎接著說，「傑森，我現在要和安瑪麗單獨談。」

「好，當然。」

「結束後我會打電話給你。」

「好，」在我掛電話前，「安瑪麗，我真的很抱歉，」我說。我呆坐在車裡，天色已暗，我媽媽跑出來查看。

「我們就要開始了，」她說，注意到氣氛有些不對勁，「一切都還好嗎？」

「也是、也不是，」我回答，「對不起，這次談話會比我原本想的要花更多的時間，他們再幾分鐘後會回我電話，我一會兒就進來。」

她點點頭，回到陶藝教室裡。

我凝視著擋風玻璃，腦子一片空白，幾無知覺。大約二十分鐘後，電話響了，

是梅麗莎。

「她很受傷，傑森。」

「是的，我知道。」

「因為她周一要上班，她明天就會回家，但她不希望你和你爸媽在身邊。」

「好。」

「你們能去什麼地方嗎？也許訂個旅館？」

「好，可以。」

「好的，」我聽到她的嘆息，「我不想騙你，傑森，情況不好。」

「我知道。」

「明天下午再說吧。」

掛斷電話後，我在車裡又靜靜地坐了幾分鐘，我為安瑪莉感到萬分心痛。她有一個堅強的靈魂，但再堅強的人也有極限。這次我太過分了，我終於毀了我的婚姻，而那是我最珍惜，最在意的。天啊，我到底幹了什麼好事啊？

最終，我走出車子、進到陶藝教室找我爸媽。他們告訴我，他們玩得很開心還向我展示他們的作品，臉上滿掛著自豪的笑容。我的臉色一定像是剛見鬼了，因為他們的興奮很快就轉成了擔憂。

「你還好嗎，兄弟？」（我繼父）比爾問。

「不太好，上車後我再告訴你們。」

坐進到車裡，我告訴他們故事的縮簡版，以我慣常的「我做了一些不該做的事⋯⋯」起頭，加上一些必要的細節好讓他們聽懂怎麼回事。我覺得很慚愧，他們靜靜地聽著。最後我告訴他們，雖然原本計劃是三天後要飛往舊金山，但我們明天就要離開帕克鎮，到鹽湖城找一家旅館住兩晚。

「安瑪麗必須回家工作，可是她不希望我們也在家。」

「我可以理解她的心情。」媽媽說，聲音帶著悲傷，接下來整整一分鐘我們三個人都沒開口說一句話。最終，媽媽打破了沉默。

「你怎麼會做這種事，小傑？」

望出擋風玻璃，我的眼神投向黑暗，搖著頭，「我不知道，媽，我不知道。」

***

第二天，我們收拾好東西，住進鹽湖城裡的一家旅館。天氣很冷，也沒什麼可做，所以我大部分時間都待在房裡思考正在發生的事，只有出去散步一兩次、透透氣。那天下午我和梅麗莎通話，得知她當天早上已和安妮瑪麗聊過了。

梅麗莎告訴我，安瑪麗非常沮喪，很受傷。即使我們曾同甘共苦的經歷這些年的風雨、起伏，我竟兩度做出如此逾矩的事情，這對她來說難以置信、無法接受。她甚至覺得我無法捉摸，不想和我說話，拒絕見我。她需要時間思考。

「我們倆都不相信這是個單一事件。」梅麗莎說。

我一邊聽她說，一邊繞著房間踱步。我無話可說，對事情的發展感到緊張又害怕。

「傑森，」梅麗莎催促道，「你確定以前真的沒有做過這種事嗎？」

我停下腳步，百感交集。

我大可不必告訴她，我可以繼續隱藏我的秘密。

我繼續保持沈默。

不知過了多久，梅麗莎打破了沉默。她的聲音很柔和，但語氣幾近悲傷，「傑森，如果你不說實話，你永遠都不會好起來的。」

我知道她是對的，我的生活正在我眼前崩解，我還需要經歷什麼樣的危機才能下定決心不再逃避？不再躲藏？不再假裝呢？宇宙現在正透過梅麗莎對我低

146

語：醒來，傑森。醒來！醒來！

我終於願意聽從了嗎？我說出實情後會發生什麼後果呢？

我坐在床緣、垂著頭、閉著眼，我看見自己站在高聳的懸崖邊上，我想邁出腳步，但前方沒有方寸之地可以讓我安穩的踏著。一踏出步，我將墜入黑暗、無底的深淵，我會無止盡的墜落，墜入虛無、陷入不確定的未來，一個我無法控制的未來。

我轉頭回望，所有過去的色情片、女人，全都朝我衝了過來，擺脫它們的唯一方向就是往前跨步、踏出懸崖。我要有信心，要深信大膽擁抱不確定的未來比繼續在黑暗中徘徊的好。也許我會失去安瑪麗，失去瑪雅，但我已經明白這是唯一的出路。我必須勇敢，拋開畏懼。我必須跨出這一步。

「不是。」我覺得好虛弱，吐出唯一能說的兩個字。我的腳伸出懸崖邊。

「不是什麼？」

「不，這不是唯一一次。」

我重心往前移、跨出去了。

「好，發生過多少次了？」

「我不知道。」我緊閉著雙眼、猛搖頭。

「數不勝數。」

我正在墜落⋯⋯

「多久前開始的？」

「太久以前了，我記不得了。」

「比方說，在你和安瑪麗分居之前嗎？」

「是的，早在那之前就開始了。」

繼續墜落⋯⋯

「哦，哇！」她的口氣不是驚訝，比較像是剛得知一個大傷口即將被揭露，「可憐的傢伙，你保守這些秘密已經很久了。」

「是的……」淚水沿著我的臉頰流了下來。

「秘密是會讓人生病的，傑森。」

「是的，我知道。」

「你有筆記本嗎？」

「有，我有。」

「我要你回到一開始，憑你的記憶，寫下每一次出軌的遭遇，你做得到嗎？」

大地在我腳下裂開，我持續墜落著……

「是的，我可以。」

「不要擔心安瑪麗，我會和她談，你只需要專心療癒自己，好嗎？」

「好的。」

「我明天再來找你。」

掛上電話後我繼續坐在床邊許久。我已經躍下了懸崖，正墜入深淵……

恢復意識後，我從包包裡拿出筆記本和筆。這本子是我用來記錄工作筆記和待辦事項的。我坐在床上，翻到本子後面的空白頁，盯著它看了一會兒。

梅麗莎說要回溯到第一次時開始寫，我慢慢地寫下第一條誌記。

「山景市。AMP（安瑪莉英文全名的簡寫）在洛杉磯，訂婚前，Craigslist，上床」

我盯著我剛寫下的句子，不久，下一個跑了出來。

「另一個 Craigslist，喝了一杯啤酒後回我的公寓，做愛。」

一個接著一個不斷跑出來。起初，這些歷史緩慢地按時序跑了回來，一幕幕像

148

電影短片在我腦海裡播放著，但後來速度越來越快，隨機的影像在腦中不停閃過：貼有壁紙的酒店走廊、赤裸躺在床上、裝滿錢的白色信封、線上女性內衣圖片……速度太快了，我的筆完全跟不上，必須每隔幾分鐘閉上眼睛深呼吸一下才能再次集中注意力。

寫到某個時候我才注意到天都黑了，我的手也抽筋了。我不知道已經寫了多久，但到目前為止我只觸及了皮毛。我強迫自己休息，起身去沖了個澡，然後把筆記本拿到桌子上，打開燈，繼續寫著。寫了幾頁後，我的手又開始抽筋，只好關燈上床。我精疲力竭，腦子昏昏沉沉的，很快就睡著了。

隔天醒來，天還未白，我立刻走到書桌前坐下，打開燈，重新開始提筆紀錄。我放慢記事的速度，把內容寫得更詳細：Craigslists 上的另一個女人，「甜蜜定制」搭上的另一個女人……漢普頓酒店，某停車場，某按摩院。我詳細描述了和萊斯莉在她公寓裡發生的經過，寫的當下，我想到手機裡還有她的手機號碼，立刻拿起手機刪除了她的聯絡方式。

我寫下一兩年前在舊金山，當時我和安瑪麗分居，我打電話給一位曾在 2010 年約過會的女性，邀請她和我一起過夜。我知道她已婚、和丈夫住在郊區，但這並沒有阻擋我。我寫下她的反應，她那時極度惱火地對我說，「我以為你和別人不同，現在我知道你跟全天下的男人都一樣，你不要再打電話給我了！」以及聽到這段話時我有多震驚。寫到這段故事時，我又想起手機裡也有她的聯絡資訊，拿起手機我立刻刪除了它。

我繼續寫，有太多不倫的風花雪月要寫了。最後，我決定暫停一下，和爸媽一起去對街的麥當勞吃早餐。我跟他們分享我前一天與梅麗莎的談話，和我正在寫誌記錄的事。

「不論花多久時間，這些都是你該做的。」我媽媽說。

回到房間後，我開始詳細寫下這些年在網站上建立個人檔案的歷程。寫到這裡，我想到我的電腦上還存著個人資料的照片。我從來沒有在這些照片上露臉，但通常會裸露上半身。我把這些照片全刪了。我接著抓出存放色情圖片影音檔的檔案夾和所有找得到的檔案，通通刪除了。

這樣的工作模式持續了一個早上。中午時，我休息一下、吃午餐，順便在市區

走了一圈喘口氣，然後回到我的房間打電話給梅麗莎。

「今天如何？」她問。

「我不停的寫，把這些狗屁倒灶的事情通通倒出來，這感覺很棒。」

「是的，我想也是。」

我告訴她我寫了些什麼，沒有進入每個細節，只是告知她我已經把很多故事和秘密顯於筆墨。我也跟她說我清除了電腦裡所有的色情蒐藏品。我又告訴她，去年某個時候，我曾發覺問題的嚴重性，但不知道該如何處理。這些年來，我無論多努力似乎都無法阻止自己。

「你考慮過採用參加「十二步驟 *」的聚會嗎？」她問。

「你是說像匿名戒酒會嗎？沒有，我沒有考慮過。怎麼說呢？」

「嗯，有一個是針對性成癮的，也許你可以查查看你的附近有沒有這方面的聚會。」

性成癮？等等，我知道我有問題，但我算是性成癮嗎？

「你真的認為這有幫助嗎？」

「我不知道，但不值得一試嗎？」

我凝視著窗外，幾天前看起來堅如磐石的一切如今都徹底粉碎了。現在唯一可以確定的是，我已經沒有回頭路了。

「是的，我想應該值得一試，」我說，「只要能不失去安瑪麗和瑪雅，我現在什麼都願意一試。」

「我一會兒要和安瑪麗說話，我想她應該要知道這些歷史，你允許我和她分享嗎？」

我頭靠著窗子，「是的，當然，」眼淚又湧了出來，「請告訴她我真的很抱歉，我會完全坦誠，我真的很認真地尋求幫助。」

「我會的，別擔心。從這些事中也有她可以學習的。」

「好。」

「我們明天再聯絡，你繼續寫。」

***

那天晚上我繼續一條條列出過去偷腥的記錄，並寫下當時的感受。我原本沒有寫日記的習慣，現在發現，把自己的想法和感受寫下來的感覺很不錯。我振筆疾書直到覺得身體有點髒，就去洗了個澡。

沖澡時，我想起了應該要查一查「十二步驟」是什麼。我擦乾身體，刷好牙後將筆電拿到辦公桌前打開。洗漱後坐在筆電前是再熟悉不過的感覺。十九年來，這占我生命整整一半的歲月，電腦是讓我通往黑暗地下世界的門，在夜深人靜時，我獨自走進一個充滿色情、性、謊言、欺騙又不可告人的世界。不過這一次透過電腦，我不是走入黑暗，我要往相反方向前進了。

我上網搜尋「性的十二步驟」，有關色情和性成癮的連結筆數多到令人震驚。我點入幾個網站瀏覽。

「性成癮的定義很廣，從沈迷色情片到濫交淫亂。」

我深嚥了一口口水，是的，這些是我幹過的事。

我繼續閱讀著。

「我們承認我們軟弱，對任何性愛成癮的行為束手無策，以致於無法管理我們的生活。」

我閉上眼睛想著，這不就正是在說我嗎？

沒有錯，我應該算是一個性成癮者，可這怎麼會發生在我身上？

我強迫自己繼續讀下去。

最終我點進了「性成癮者匿名組織（Sexaholics Anonymous)**」。一進到網站頁面，我就被吸引住了。

我逐字細讀，句句與我產生深刻的共鳴，直達我靈魂深處。它如此準確地描述我的生活讓我感到既詫異又震驚。我曾多次試著阻擋自己，但都無功而返。不管對自己或所愛的人，我的魯莽和危險行為不斷變本加厲，有可能導致我失去生命中最珍惜的事物。

我點進一個連結，查詢在我附近的聚會點，跑出來的結果又讓我大吃一驚。光在鹽湖城內就有幾十場類似的聚會，一週七天、每天都有。眾人如此頻繁地聚集在不同處所談論性成癮的經歷，這遠超乎我的想像。性成癮真的有如此普遍嗎？真的有這麼多人和我一樣身陷其中在掙扎著嗎？不用再過幾個禮拜，這些疑問都將一一獲得解答，而且答案全都是響亮的——「是的！」。

隔天，我和爸媽飛去舊金山，這是一次短短幾天的行程。我找到了一個能配合我行程的聚會，然後發了一封電子郵件給梅麗莎，讓她知道我將參加我首次的匿名性成癮聚會。

我闔上電腦、爬上床、盯著天花板靜靜地躺著。我心靜如水，感覺時間變慢了。幾十年來，我奔馳競逐、保持衝刺狀態。一開始，我狂奔以逃避自己的情感，後來狂奔是為了閃躲我累積的秘密，拼命尋找藏身之所。我曾試圖放慢腳步，但總有原因讓我重新加速。這次的情況會有所不同嗎？

一定會的！

我已經感受到這次將會不同以往。

昨天我跌落深淵，但現在我意識到已經不再下墜了。雖然蹣跚搖晃，但至少是立足於地。我把黑暗甩到身後，走下岩架，我安然無恙，我還活得好好的。

我想起了安瑪麗，我不想失去她，但領悟到我必須放下失去她的恐懼。五年前她的秘密（外遇）曝光時，因為害怕失去她，我偽裝自己，無法坦誠的面對現實。我把秘密藏在心裡，擔心如果我揭露實情，她會不再愛我。我沒說實話，讓她愛一個不真實的我。我努力修練不是為了自己，而是為了她。我一直在隔

靴搔癢，因爲我投入修練並不是爲了療癒自己，而是把她留在自己身邊。安瑪麗踏實修鍊，現在已經能雙腳挺直而立。我什麼時候才能和她一樣呢？

此時、此地，我就要穩健立足了。

五年前，梅麗莎在和我的第一次晤談時就說過切勿隱藏秘密，從那之後的晤談中，她常會說「真相會加速一切」，「真相會解放你」。這兩句話我聽過無數次，卻從來沒有真正領會箇中道理。現在獨自一人在旅館房間裡，躺在寫滿自白的筆記本旁邊，我終於領受到了。現在我明白了，如果不將秘密傾吐出來，它將不斷從裡往外摧毀我、掠奪我所在乎的一切，並將我永遠囚困在黑暗牢獄之中。我的秘密必須公開，讓它們見光，即使安瑪麗因為我向她呈現了真實的我而不再愛我，這也是必須承担的風險。我必須開始做回真正的自己，我必須坦誠。

我同時體會到以前視之爲重的財富、豪車和女人，如今我已經放下。現在我唯一重視的是療癒。這種覺悟令我的身體不自主地顫抖，我體驗到說實話所帶來的解放。我想到了「匿名性成癮者」網站，聚會時間表單上的每一行都代表著有一群願意鼓起勇氣把秘密說出來的人。我想和他們一樣，我也想要勇敢。一股暖流又一次流淌過我全身，對我說，「你不再孤單了。」

***

兩天後，安瑪麗、梅麗莎和我在舊金山進行了一次三方晤談。這是自從事情爆開的那晚後，我第一次與安瑪麗通電話。那場談話無比尷尬，但好險我們有梅麗莎居中協調。至今，我們兩人都已經接受梅麗莎的諮商已有五年之久，她比任何人都還了解我們，我們對她的信任也與日俱增。

梅麗莎簡短的開場後，安瑪麗開始發問。她怒火中燒，火力密集且猛烈：你什麼時候做這些事的？跟誰？你怎麼去的？你們在哪裡做？

我一一如實回答她所有的質問，安瑪麗的心情也由最初的憤怒轉變為深切的痛楚，終於忍不住開始哭泣。我笨拙的向她道歉，梅麗莎這時介入，安撫我們倆。

在談話結束前，我們設定好交涉規則並且有了共識。梅麗莎和安瑪麗給我的訊息很明確——我需要長大，而且動作要快。安瑪麗的耐心至今幾已消磨殆盡，如果我對這件事沒有表現出百分之百的嚴肅與認真，她會毫不遲疑的離開我。此外，我必須另找一個住處，因為安瑪麗不想我回家。

「你要我離開多久？」我問了一個蠢問題。安瑪麗簡單地回答，「我不知道。」

「我們該怎麼告訴瑪雅？」

「梅麗莎和我已經討論過這個了，我們會告訴她你正在忙一個大案子，我想，這也是事實。」

「好。」很多事情現在已不在我的控制範圍內了。

梅麗莎把注意力轉向安瑪麗，她的話尖銳到讓我小小吃了一驚。跟梅麗莎一起努力的這幾年，我們都學到了自己從來就不是受害者，因為生命中所發生的因果都是自己創造的。雖然有時當下很難理解，但每一件事情的發生都是有原因的。

梅麗莎提醒安瑪麗，這幾年下來，說穿了，她也是這些事情的共同創造者之一。這就表示，在她潛意識裡，這所有的事情或許對她或多或少也有益處。她必須挖掘，深入了解自己的肇因，並且承擔相關責任。

在我們掛斷電話前，安瑪麗還有話要說。

「我想知道所有細節。」

我停頓了一下，好消化她提出的要求。

「我可以把我寫在日記裡的東西讀給你聽，我不會再隱藏秘密了。」

梅麗莎跳了進來，「這可以的，安瑪麗，但小心有可能會適得其反。」

「我現在不在乎那些。」安瑪麗態度很堅決。

「你想什麼時候談？」我問。

她冷冷地說道，「任何時候。我們這通電話結束後就可以了。」

我們又多談了一會兒後梅麗莎掛斷了電話，留安瑪麗和我在線上。這是從整件事情爆發以來我們第一次單獨說話。

「真的很抱歉，安瑪麗，」我開頭說，「我的問題很棘手。明天我會飛回猶他州，隔天就去參加性成癮者匿名會的聚會。」

「我知道，梅麗莎告訴我了。」

她沒有興趣閒聊，她只想要了解詳情。

「你要我從哪裡開始講起呢？」我問。

「從頭開始。」

「好……」

我開始讀我的誌記給她聽。從電話另一頭，她不時地打斷我，我有問必答，但前提是我得記得她提問的細節。然而，她有幾個問題不斷重複問，而我卻一直無法回答。

「她叫什麼名字？」在我讀完第一條誌記後她問。

「我不記得了。」

這答案讓她很生氣，「你不記得了？」

「我忘了，我發誓，我想不起來了。」

「好，那繼續。」

然後是另一個條誌記。她又問了，「她叫什麼名字？」

我捏了捏鼻樑，試圖記起在電子郵件或簡訊上我可能看過的名字，但腦袋一片空白。

「我真不記得了。」說完我癱倒在椅子上。

「當真？！」她的語氣從來沒有如此憤怒過。

「是的，真的。」

然後接著一個誌記，再一個誌記。

在我寫這些誌記的當下有一個現象我並沒有意識到，現在卻昭然若揭。我把筆記本向前翻了幾頁，掃視每一條誌記，唯一記有名字的是在和安瑪麗分居時約會的一個女人，我沒有記下任何一個透過 Craiglist、伴遊小姐網站或「甜蜜定制」認識的女人的名字。我難以置信地盯著誌記的頁面，她們的名字我竟然一個都不記得，這著實讓我大受打擊。

我就此停住，說道，「我真的很愧疚，安瑪麗，我的問題相當嚴重。」

「沒錯，你的問題非常嚴重，你必須好好處理。」

「我會，我會。我答應你，我會的。」

第二天早上，我記下這篇誌記：

「昨天把所有紀錄都讀給安瑪麗聽，這對她來說很不好受。我感覺很糟糕，我病得不輕，而這跟她毫無關係。」

* 十二步驟（Twelve-step Program）是在歐美已風行近一世紀的戒癮行為課程。課程的核心是一套十二指導原則步驟，引入靈性的力量，這十二個固定的步驟的設計能引導成員一步步察覺自我，正視埋在心裡深處的傷痛，原諒自己和他人，修補之前破壞的關係，並激發持續改變的心志。

** 性癮者匿名會（Sexaholics Anonnmous）是一個基於十二步驟的自願性互助戒色癮組織。加入的成員承諾幫彼此保持匿名，尊重個人隱私。每位成員有一位專屬的支持者（sponsor），通常都是已戒癮的過來人。組織宗旨就是創造一個安全環境，協助性成癮者能打開心胸，面對問題，回到現實世界後，才能正面看待生活。

###

第十二章

「身處暗夜時我們別無選擇，只能放棄控制、臣服於未知、停下來聆聽智慧所傳遞的信號，這是一個被強制撤退，即使不甘願也必須收手的時刻。暗夜不只是一種學習的體驗，是一種深奧的入門儀式，帶我們進入一個爲我們妥善安排的境界，那裡不再充斥著外在的紛擾與物質上的成就。」

— 托馬斯·摩爾《靈魂暗夜》Thomas Moore, Dark Nights of the Soul

2015 年 2 月

星期五晚上七點剛過，我和約三十位素未平生人士坐在折疊椅上圍成圈子。我屏住呼吸，身體緊繃，下一個就輪到我了，我緊張死了。

坐我右邊的那位先生說完了，教室內一片靜默，所有目光全移到我身上。我的睜著眼，眼前卻是一片迷濛。

「嗨，我叫傑森，我是一個性成癮者。」

我勉強從喉嚨裡吐出這些話，幾乎是咕噥自語。視線重新聚焦後，我看見在座的每一位點頭回應，他們都清楚記得第一次來參加聚會的感覺，能理解這有多不容易。

圈子裡的其他人陸續介紹他們自己。接下來的一個小時裡，我猶如置身另一個世界。在這世界裡，人人都可以無拘無束地揭露自己缺陷，承認自己正在掙扎脫困。會來這裡的人是因為我們的生活已經失控，甚至到了屈服於對改變無能為力的程度，我們因而來此尋求援助。

聚會成員的多樣性出乎我意料，男人、女人、年輕人、老年人，各種背景的人。我對分享我的故事還是難以啟齒，但我很專心的聽著其他人的故事。有人說

他性清醒（sexually sober）了一天，有人則很開心說自己已清醒了數年甚至幾十年。每個成員不同的故事都給了我不同的啟發，每次受啟發的點都不太一樣。

有人講述自己如何克服重大困難、怎樣修補破碎的生活，以及如何「按部就班」改善他們的生活。這些故事有激勵到我，因為那就是我對未來的期望。相反的，有些成員生動的描繪了自己失控的生活，給個人和所愛的人帶來了怎樣巨大的痛苦，例如離婚、經濟困難、親子疏離、失敗的職涯，或對健康的負面影響。這些活生生的故事告訴我，如果我再不改變，那些即是我未來的走向。我已經傷害了我所愛的人，而且讓我在職業、健康和安全各方面冒著更大的風險。如果我不改變，我很可能會重蹈他們的覆轍。

圈子裡每個人都坦然的分享自己的故事，跟我的猶豫比起來，這群人是我共事過最勇敢、最誠實的一群。我渴望成為這個新家庭的一員。

其中一名男子自願在會議結束後和新的與會者談談，因此當會議結束時，我就特別去找他。他握著我的手說，「我很高興你來這裡。」簡單的幾個字刺穿了我的心。長久以來，我迷茫、孤獨、害怕、撒謊、掩飾、躲在表象後面。他用這幾個字告訴我，我不用再掩飾了。我就是我，他歡迎我，真正的我。我屬於這裡。

他確保我有拿到所有文章資料，臨別前還提供我一些建議——「嘗試參加更多不同的聚會，直到找到一個真正適合你的時間和小組。」

***

時間過了一個禮拜。

我坐在閣樓房間的樓梯上，盯著小廚房，我試著強迫自己吃一碗麥片，但我的胃絞痛得無法進食。這小公寓是我暫時落腳處，但不知道我還要在這裡待多久。安瑪麗不想見我，她也不要我去看瑪雅。我取消了所有工作相關的電話和行程，更沒有秘密約會要安排。現在的我，唯一需要專注的就是吃完我眼前的

這碗麥片。處於這靜止的真空狀態和人生混亂之中，我心無旁騖。房裡的寧靜反映了我腦中的寂靜，靜到幾乎能聽到自己的心跳聲。

齷齪的秘密剛被揭發時，我一開始感到一股希望，但很快地，生活的力量狠狠的把我摔回現實，逼我正視我目前身陷的困境，讓我的希望破滅，情緒也隨之低落。就在那短短的幾天內，我的心情經歷了巨大起伏，先是急速往雲端衝刺，追逐的快感快浮出時，下一秒，我就目睹我的生活墜入谷底、瓦解崩潰。我被趕出了家門，安瑪麗可能會和我離婚，這意味著我無法參與瑪雅生命中的重要時刻。我上週兩度從噩夢中驚醒，夢見那個聲音沙啞的女人追著我，我嚇到全身被汗水給浸透了。白天時她也纏著我，有好幾次，我的腦海裡閃過她在公開場合揭發我的畫面，這對我來說是非常丟臉的，更重要的是，也會害了安瑪麗蒙羞。

我跟我爸媽解釋了事件的始末，安瑪麗也告訴了她的父母。這些事對我工作造成的紛擾已無法掩飾，我也只好告訴我最重要的事業夥伴。尷尬丟臉得無以復加，這羞愧讓我只想逃避、躲起來，但我知道，我再也不能這樣做了。

前一天，梅麗莎轉發給我一篇她一年多前讀過的新聞，關於一位谷歌高層與「甜蜜定制」網站上認識的一位女人在遊艇上一起吸毒致死的事情。

「那太可怕了，傑森，」她說。她是對的，我若執迷不悟，那就會是我的未來，我可能踏上的路。如果我不改變，我最終會自我毀滅。我曾屢次嘗試改變，但是每次都失敗了。有時我相信這次會不一樣，我要說出所有的秘密，我真的要改變了。但這種時刻皆轉瞬即逝，恐怕這次也不例外。我會走回同一條路，縮到同一個角落，蜷縮在黑暗之中。

我的目光落在地板上，回想著過去幾個晚上發生的事。躺在床上時，羞恥、尷尬、失敗和恐懼的感覺爬滿了我的全身。即使終於入睡，也輾轉反側，噩夢不時襲來，我幾乎整夜失眠。睡眠不足更加重了我的困惑感。我無計可施，完全迷失了。過去二十年的那個我，不能再延續了，卻也不知該成為什麼樣的人。我只知道我必須拋棄之前的生活，但接下來要用什麼方式過日子，我也茫然不知——我應該是誰？我該如何活著？

我漫無目的、渙散無主、掙扎著保持清醒，現實的一切似乎超出了我能承受的。

我抬起了頭，瞄到到廚房檯面上的一本書——匿名性癮者的十二步驟 （The Twelve Steps of Sexaholics Anonymous），我想起了在第一次聚會時聽到的一句話：「不必知道該做什麼，按步就班地持續去參加聚會就對了」。一步接著一步、一步一腳印，速度不重要，持續向前就對了。想到這點，我就清醒多了。我坐起身、走進了房間、回到當下，決定這次一定要紮紮實實的付出行動。

在接下來的兩週裡，性癮者匿名會（SA, Sexaholics Anonymous 的英文簡稱） 成了我的救星。我每天參加至少一次聚會，通常是兩次，有時白天，有時晚上，有時在不起眼的辦公樓裡舉行，有時在教堂裡。我找到了我最喜歡的幾個小組，最終養成了每週參加二至三次聚會的頻率。我不斷閱讀並吸收 SA 所有的文獻刊物。參加聚會、閱讀書籍，讓陷入自我認同危機的我，思維漸漸開始有了清楚的方向。不過，即使努力保持清醒，我三不五時還是有劇烈的情緒波動。

根據 SA 的說法，要計算性清醒天數，我必須避開任何與性有關的活動，包括看色情片、手淫和性幻想或貪慾。唯一被允許的就是與配偶做愛，但有鑑於我目前情況，這是一個不可能的選項。清醒天數是我評估療癒是否成功的唯一指標，如果療癒失敗就意味著我會離婚、失去家人、繼續深陷於惡性循環，最終無法回頭。清醒日的數字，對我來說，具有無以倫比的意義。

將近有二十年，我幾乎每天手淫，通常是對著色情片。我完全沉迷、沉溺於獨自消失於幻想時體驗到的短暫平靜，以及高潮後的麻木感。照 SA 的建議，如果有看色情片的衝動或淫念冒出時，我應該深呼吸，讓這些念頭自然擦身而過、或者寫進日誌裡、或者打電話給我的 SA 支持者（sponsor）、或者去散散步，或是全都做也可以，不管做什麼，目的就是幫我我保持平衡，避免衝動破籠而出。

這對我來說是極其困難的。當衝動到來時，時間會停止，幾秒鐘感覺像幾小時，幾分鐘感覺像幾天。當我成功地保持連續數日的清醒時，我會很自豪，為自己的進步感到興奮、欣喜若狂。我記錄下自己的表現，對我的新人生感到興奮，我終於感到平靜了。我打電話給安瑪麗分享我的近況，渴望向她展示我在短時間內做出了多大的改變。

可是，亮度加倍的燈泡其點亮的時間往往也會減半。難逃魔咒似的，不消幾天之內，一波巨浪向我襲來，我無力阻止，我的清醒天數歸零，我的希望甚至跌至更身的谷底。那幾天的日誌記錄了我的絕望的情緒。沈溺於未知的恐懼之中，我瘋狂地寫下：「我永遠無法改變」，「我注定要失敗」，「我所珍視的一切都會被奪走」。連續一兩天我避免和安瑪麗說話，但最終我們通了電話。她問我情況如何，當告訴她我目前的狀況時，我能感到她的失望。第三次發生這種情況時（即清醒天數歸零），電話裡她沒有多說，我覺得她和我漸行漸遠了，讓我更加害怕。

我想起情勢逆轉的那晚，我躺在鹽湖城旅館的床上，我意識到如果我想療癒，我就必須擺脫失去安瑪麗的恐懼，但真的要放手的時候卻是如此艱難。我仍搖搖晃晃的、試圖找到平衡，如果我繼續與她保持聯繫，我可能會把她也拖下水。她傷得太重了，她需要專心療癒，好從最近的創傷走出來。最終，我們通話的頻率減少了，而且我不再分享我所經歷的細節。這兩個改變都加重了我的恐懼和孤立感。

有一天晚上臨睡前我感到特別恐懼。我已經破紀錄連續清醒六天了，但感覺猶如過了六年，我害怕自己再也無法堅持下去。最兇惡的衝動總在半夜到來。漫長的夜晚我獨自一人躺在床上，感覺像是無盡的永恆。我害怕，害怕改變、害怕滯留於現況、害怕去面對我無法自持時的羞恥感。

輾轉反側到半夜我醒了過來，這股衝動來勢洶洶，實在太強烈了，我無法阻止自己。之後，我又進入另一次不安的睡眠。過了一段時間，夜還深，我又醒來，覺得整個人好迷失，我被前所未有的強烈恐懼給捎住。我是誰？我在做什麼？我會發生什麼事？

我半睡半醒、幾乎無意識地走到窗戶前，往外看。窗戶開著，迎著涼風，只有一層薄幕將我與夜晚隔開。我的房間在後院上方至少五層樓高的地方。有那麼一剎那，一個念頭從腦海中掠過：如果我跳下，一切就都會結束，再也不用如此恐懼了。

我一生中至今從沒有過這樣的想法，這真把我嚇壞了。當我回過神來時，我甚至對窗戶感到畏懼，趕緊鎖上了它，然後搬了一把椅子不讓自己離窗戶遠一點。我爬回床上，盯著天花板：這場噩夢什麼時候才會結束啊？

那晚的窗邊經歷是一個轉捩點。我突然領悟到，原來我寧願麻木無感，也不願面對恐懼。這念頭讓我頓悟，原來我一生都在逃避自己的感受，結果呢？也許我該停止閃躲自己的感受。

第二天一早，我打電話給我的一位 SA 支持者，告訴他我對自己感到失望，也害怕我永遠無法清醒。他是一個談吐溫和的先生，二十五年來一直保持清醒。他安慰我，我經歷的是正常的療癒過程。電話中他協助我理解，把清醒天數當作唯一的指標其實是畫錯了重點。

「你的目標不是要追求很高的日數，」他說，「你的目標是愛自己，謙虛地了解到自己不能獨自做到這一點。你要正直地過簡單的生活。如果你做到了這些，你的日數自然會增加。日數不是目標，而是完成真正目標奮鬥的結果。」

他是對的，我過於關注我的「數字」。當數字上升時，我的自豪感達到了欣喜若狂的程度，因為我在一瞬間投射出一生的康復期待。反之，當數字下降時，我感到絕望，因為投射出了永久性的失敗預言。對我自己未來的投射，無論是成功的還是失敗的，都會產生龐大的壓力，這其實會導致我半途而廢。

「不要給自己太大壓力，」他告訴我，「不要著眼於未來，只專注於今天。」

駐足當下、活在當下。梅麗莎已經提點我許多次了，也正如我我幾年前在艾克哈特・托勒（Eckhart Tolle）的《當下的力量》（The Power of Now）一書中讀到的，現在我終於同時聽得見這些智慧語錄了。我不需要預視一生的成功或失敗，我不需要知道我應該成為誰或我應該如何生活，我只需要確認現在當下的自己和我將如何度過今天。

今天，我是個成癮者；今天，我只做有助於我戒癮的事情。我要去聚會所，我會閱讀 SA 的文獻刊物，我會坦誠面對自己的癮，我會記錄我的癮，我會和梅麗莎談這些事。

從那一刻起，我所做的一切，整天，每天，都專注在我的療癒過程上。

***

這並不容易。無論我嘗試了多少努力，獨自度過漫長的夜晚仍然是艱難的挑戰。經歷將近整整一個月的失眠夜和噩夢後，我幾乎無法正常工作，我的頭腦一直處於迷濛狀態。

我的康復部分包括著照顧好自己，而照顧好自己包括必須想辦法安穩入眠。我已經戒酒了，因為我發現晚餐時只要喝一杯啤酒或葡萄酒，晚上我一定會掙扎於性衝動。戒酒有幫助，但還不夠。自從事件爆發以來，我就完全沒有運動了，我不確定運動是否可以幫助我入睡。對上健身房失去興趣後，我決定嘗試一個新的選項——瑜伽。

我在網路上搜尋附近的工作室開設的晨間稍晚時段的瑜伽課。第二天早上我開車穿過三月間的大雪前往上課教室。一位和氣的女士在前台接待我、收了錢，然後遞給我一張出租墊子，囑咐我在教室裡邊隨意找一個位置，最後說，「大約十分鐘後開始上課。」

我脫下雪靴，走進房間。頓時，一股熏香和燭火的香氣籠罩了我，氣味濃郁到空氣似乎都有了質感，實木地板的邊緣排列著看起來像印度教神靈的小石像。我是第一個到的，所以我把墊子放在教室中間位置的附近，坐在上面等著。

接著，三位女士也走了進教室，坐在墊子上。 終於，前台的女士進來了，她坐在房間前方的墊子上。

「嗨，我是史蒂芬妮，」她用舒緩的聲音說，「謝謝各位今天來到這裡。」

她打開輕柔的音樂，要我們闔上雙眼，「深吸一口氣，想一想今天早上的練習想獻給誰，然後把那個人放在腦海裡一會兒。」安瑪莉的臉出現在眼前，於是我把練習獻給了她。

我不知道任何姿勢的名稱，所以一直看著史蒂芬妮，以瞭解手和腳應該怎麼擺。其他的女士看來動作自如，而我卻僵硬得一點也不像她們的。我變得很不自在。

史蒂芬妮想必注意到了我的不適，她清輕聲地告訴全班同學，「記住，瑜伽就像生活。這是個人的旅程，專注於你的旅程、專注於你的呼吸。」

我不再執著於所有的姿勢，開始放慢動作的速度、呼吸得更深。史蒂芬妮告

訴我們，需要的話，我們隨時可以用一種叫做嬰兒式的姿勢休息，於是在第一堂課裡我至少有一半時間的姿勢是曲臥於膝上，雙臂在身前伸展，額頭靠在墊子上。

雖然瑜伽對我來說頗有難度，但在課程結束時我感覺相當好。那晚我睡了過去一個月來最好的一覺。幾天後我回去上另一堂課，也加入了會員、買了一張瑜伽墊、帶了張課程表回家。不知不覺地，練瑜珈變成我每日的例行活動，通常一天兩次，早上一次、晚上一次。我把我的練習獻給安瑪麗或瑪雅，如果我今天過得不順遂，也會獻給自己。我很快就學會了基本姿勢，也變得更加靈活。我在墊子上覺得越來越舒服，身體學會如何做出各種姿勢後，我的頭腦也隨之變得更平靜，我不必多想，我只是移動、呼吸、維持姿勢、再次呼吸。

如此專注於身體的移動、維持姿勢、感受呼吸，終至我忘卻了時間、忘卻了一切，唯一感覺到的是我的身體和呼吸。我不畏懼、不羞愧、不迷失、不困惑了。

維持瑜珈姿勢、專注呼吸不僅讓我腦子安靜，讓我平靜下來，也讓我有了一種新的方式來存在於我的身體內。我的生命截至目前這一刻，「我」與身體的關係大多是機械性的。我的身體是一個分離、獨立於「我」的物體，身體的工作是帶著「我」所在的頭遊走四方，「我」給我的身體補充能量，「我」舉重以保持它強壯，希望「它」能執行「它的」功能。

由於一些我說不上來的變化，瑜伽開始改變了我的觀念。維持姿勢並專注於呼吸時，我對身體的自我認知越來清晰、也越親密，我甚至可以感覺到這潛在的化學作用所發揮出的細微感受。我也開始理解，這幾十年來，我一直用文字來和我的思維溝通。文字是我最熟悉的溝通工具，所以我把所有的精力都放在如何運用文字，但是我現在學到了，我的身體跟我溝通的方式是透過感受和覺知，而這是我之前完全不懂的。

當我更用心傾聽我的身體，我注意到吃肉和喝酒都更有可能讓我在晚上有性衝動、引起失眠或多夢，所以我改吃魚素飲食。梅麗莎提醒我重拾她幾年前告訴我的一些引導冥想練習，結合飲食改變、瑜伽和睡前引導式冥想，我得以找回具有休息效果的安眠之夜。

***

一個星期三的早上十點三十分，我才剛開始和梅麗莎通電話。SA 的十二步驟為我提供了修復破碎生活、走上新道路的指引，梅麗莎則幫助我擺脫過往生活的困擾。在最近的晤談中，我們詳談了我們社會的集體意識、對性別所抱持的刻板印象，以及我是如何深陷其中的。到目前為止，我看過電影、電視和雜誌中所給印刻的形象都深深的影響了我，加上平日與男性的互動或某些男性名人惡行惡狀都強化了我對成功男士的錯誤認知。這些觀念教育我，當一位成功的男人就是要有更多的財富、更大的權力、更快的汽車，還有更多的女人。蒐集、擁有這些東西是獲得快樂的保證。所以，跟很多男人一樣，我飛奔而出、拼盡全力擄獲那些東西。

「現在，」梅麗莎說，「如果我在桌子上放兩個盒子，一個裝滿錢、汽車和女人，另一個裝安瑪麗和瑪雅，你會選擇哪個盒子？」

「我當然會選擇安瑪麗和瑪雅那個盒子。」這題的答案對我而言太容易了。毫無疑問，二者根本無法相比。「但如果現在可以這麼清楚，容易看到，為什麼我以前卻無法呢？」，我問道。

「因為當時的你，被謊言之網層層包圍住，傑森。你那個時候還困在黑暗裡，（偷腥）被抓到如同是有人把燈打開了。」

她說的對。我現在看清了，如此清晰、如此明顯。我一直嚮往的事物，都不是我該追求的。擁有這些東西的人，我曾經向他們看齊，突然間我不再那麼欽佩他們了，也許他們也被謊言之網纏住了，只是他們看不見而已，還沒有人為他們開燈。

她的比喻對我奏效了。我們開始探討我在這片謊言之網的黏著點，這些點就是把我和我的舊人格牽連在一起的網絲，把我與往日生活、和風流痞子綁在一起。

「傑森，你必須與這一切徹底切割。」她告訴我。

我們於是即刻行動，梅麗莎一個接著一個地幫我剪斷這些牽連，這時我才真正

開始醒來。這是翻轉一切的時刻。以前我所貪念的事物，現在不再迷戀；視為珍寶的東西，不再珍視；之前欽佩的人，不再欽羨。一切都反轉了。容我再用個隱喻，這種現象就像《駭客任務》（The Matrix）的主角尼奧在片中服用了紅色小藥丸後，他才發現原以為真實的一切，其實全是虛假的幻影。

我環顧生活周遭，發現謊言無處不在。Ashley Madison 告訴我，外遇沒關係，甚至是件好事！那就是個謊言！對我妻子撒謊是不對的，它破壞了我的正直誠信和我的婚姻。但經營 Ashley Madison 的人並不關心這些，因為他們正是以此謀利的。[3] 色情行業標榜自己是娛樂事業——又是一個謊言——它是一個延續對女性剝削的行業，利用人類性愛的天性破壞社會上的人際關係，但經營這些公司的人並不關心這些後果，因為這是他們大發利市的主因。

我的豪華跑車呢？它讓我開心嗎？不，完全沒有——又一個謊言。突然間，豪華跑車成為風流痞子的一切象徵。對風流痞子來說，他所得到的注意力永遠不夠，永遠都不滿足。他要一輛能向全世界炫耀的車，這輛車能嘶吼著：「看著我！瞧我有多成功！通通給我照過來！」雖然我不知道我的未來會如何發展，但我非常清楚風流痞子是我的過去，我希望我的家人成為我的未來。那個月，我把雙門跑車換成了一輛家用轎車。

我媽媽每隔幾天就打會電話給我，關心我的狀況，她對我放棄跑車有不同意見。

「擁有一輛好車並沒有錯，」她說，「你努力工作，這是你應得的，而且你喜歡那輛車。」

她說的對，擁有一輛跑車本質上並沒有錯，但在內心深處的我知道這對我是正確的決定，我必須擺脫它。一天早上，當我寫日記時，我想通了自己為何必須放棄這輛跑車，原因就是「意圖」很重要。我擁有跑車的意圖是為了獲得關注和社會的認可。我企圖以身外之物獲取快樂，但現在我了解到，社會認定會帶給我快樂的東西，事實上卻沒有一個能讓我享有真正的喜悅，那是一派胡言。我對換車的決定，非常堅定。

說到起心動念，不知何故讓我想到了瑜伽，於是有了另一個領悟。我練瑜伽是為了健康。反觀我過去二十年健身的意圖是，打造一副強健的動物性體型來吸引安瑪麗和其他女性，我不斷地鍛練是圖於受到矚目。我以為這會讓我開心，

但並非如此。我練瑜伽是純粹出於關注自己，而且讓我覺得很舒服。

我需要賺更多的錢嗎？為什麼？出於什麼目的？因為錢再多也不足夠嗎？現在的我覺得這也是個謊言。

「你比較想有更多的錢，還是想有更多的時間和安瑪麗在一起，在瑪雅長大過程中陪伴著她？」梅麗莎在另一次晤談中問道。

我同樣不假思索的回答，答案很簡單——我想花更多的時間和安瑪麗與瑪雅在一起。那天，我發誓不再為了工作頻繁出差了。

我們繼續把一條條的藕絲剪斷，這期間，我重新思考多年前學到的減法原則。我不必確切地知道未來會如何，我只需要知道過去的哪些東西我應該要捨棄。一旦我擺脫了它們，我的生命才有空間迎接新事物。其實，這已經在發生了，新事物是 SA、瑜伽、寫日記、閱讀自我成長的相關書籍和晚上聽著引導式冥想入睡。在過去的兩個月裡，這些新事物早已成為我日常的生活儀式。SA 為我建立了初始基礎，讓我有清晰的思維和人生方向，而這些新生活的元素持續疊加則有助於穩定我的人格、平息情緒的震盪。

當我剪斷那些牽連時，我的自我依附就減弱了，也與過去的生活漸行漸遠。梅麗莎不斷地敦促我，也即時提醒我不能待在原地休息。如果我想過一種全新的、誠實的、有意識的生活，我必須繼續前進去創造它。

3 顯然，幫助別人有外遇是一個大事業。根據維基百 https://en.wikipedia.org/wiki/Ashley_Madison，該網站的會員人數在 2019 年 2 月達到 6000 萬，同年稍晚，該位公司高層吹噓他們的服務「..... 每月幫助創造多達 100 萬個外遇。」

###

第十三章

「他的生命與多數人天差地別。他活著並非為了滿足個人需求、心願或生理慾望，而是將自己磨練成一部高效能的心靈機器，以備在個人轉化的過程中能承受那五臟俱焚的痛苦。」

─羅伯特‧摩爾 和 道格拉斯‧吉列，《男人的四個原型》

Robert Moore and Douglas Gillette, King Warrior Magician Lover

2015 年 4 月

清晨五點半，天色仍黑，我坐在公寓裡的小餐桌旁，燭光的亮度剛好夠讓我寫日記、看見咖啡杯裊裊飄出的熱氣。天地寂靜，唯一的聲音是筆在本子上移動時發出的刮擦聲，以及燭焰偶爾發出的劈啪聲。

在這裡住了兩個月，每一天都是這樣展開的。這裡是我的避難所、我的家。兩個月聽起來似乎不是很長的時間，但對於從未長時間獨自居住的我來說，這是一個里程碑。我很感恩每天的起始儀式，保持我前進的動能。住小公寓、過著簡單生活，我感受到幾十年來未曾有過的滿足。

今天早晨我記下昨晚和安瑪麗的通話內容。現在我們每週都會短暫見幾次面，因為她的一名員工離職了，在新員工上任前，她每隔一天都得去上早班。安瑪麗輪早班的日子，我就必須早上四點半起床回到我們共有的住處看著瑪雅，好讓她去上班。等瑪雅醒來後，就幫她打理，做早餐給她吃，然後送她去學校。

儘管要很早起床，但我很珍惜這些早晨時光。我會在廚房的桌子上寫日記或工作，等瑪雅醒來後，我就會全心全意照顧她，比以前更加投入。

昨天到了我們的房子後，我問安瑪麗是否願意談談，她答應等晚上瑪雅上床

睡覺後會打電話給我。通話一開始有些尷尬，我們已經超過一個月沒有好好說上話了，但這段期間發生了不少事情，所以抓不準該從哪裡開始或該聚焦什麼。最後話題聊到梅麗莎在我揭露秘密幾週後，要求我們閱讀的一本書——羅賓・諾伍德（Robin Norwood）所著的《愛得太多的女人（Women Who Love Too Much）》。這本書對我們影響最大的部分是當中關於與患癮父親一起長大的女性，她如何在成年後傾向與其他患癮者建立男女關係的故事。這正是在我們身上發生的情節。

安瑪麗的父親曾經沈迷於酒和毒品，但早已戒掉了。我的事件發生時，他已保持清醒多年了。在安瑪麗的童年時期，他曾在嚴重毒癮之中掙扎。曾與毒癮者同住的人都知道，他們癮頭發作時，會常常搞失蹤，跑去喝酒或吸毒。有時候，人在現場，但思緒往往早已飄走，不在當下。他們的情緒也經常和時下脫節，因為他們的內心正專注於與毒癮的爭鬥。不管是什麼原因，成癮者的孩子在成長過程中往往會與情感飄忽的人的交往，因為兒時的經驗紮下了他們對男女關係的定義。在他們印象中，在一段關係中逃避情感是正常的，因此，到成年時，他們有可能會被同一種類型的人所吸引。

對安瑪麗來說，我就是她完美的另一半。從大學交往開始，我就沒有全心全意地投入我們的感情。在科羅拉多大學時期，我一頭栽進課業，之後去舊金山開始工作時，我成了超時工作狂，以致於沒太多時間經營與安瑪麗的關係（因為我們見面次數太少，有一度她索性搬去洛杉磯）。工作之餘，我看色情片、偷腥、拈花惹草，來分散我的注意力。

經過梅麗莎的輔導後，安瑪麗漸漸明瞭為何我們之前的相處模式對她來說如魚得水，以及她為何會對多年的出軌跡象毫無察覺。專情的男人無法吸引她，因為隨之而來的是自己也必須付出同等專注的情感，而這會讓她感到很不自在。在她的潛意識裡，她能接受我在情感上的距離，也正是她所習慣的。

察覺到這種互動模式後，她知道必須做出抉擇：要繼續與上癮者共創人生嗎？

「我為什麼會為自己選擇這樣的人生？」她電話裡問我。我聽了很受傷，這個問題合情合理，但是我無言以對。

掛斷電話後，我難過的坐著、盯著地板，悔恨之意如浪潮席捲而來，也為我撒過的謊羞愧、汗顏，即將失去安瑪麗的恐懼接著湧了上來，不僅僅失去安瑪

麗,原本的幸福家庭、可能擁有的未來也都會毀了。我們的夢想之屋按計畫建造中,預計六個月內可以完工入住。我們已投入了大量的金錢、時間和精力,精心規劃每一處細節。過去兩年我幾乎每天到工地視察,這個計畫象徵著安瑪麗和我共同為我們的家建立的新未來。現在呢?我們要把房子賣掉變成別人的家嗎?少了我,安瑪麗和瑪雅還會搬進去,開啟她們的新生活嗎?想到我親手搞砸了一家人的未來,我的心就碎了。

我深吸了幾口氣,知道必須讓這些情緒自然流動 ,我伸手拿出日記本,完成今天早上尚未寫完的誌記。

幾天前在 SA 聚會上,有人談到臣服的重要。不僅是對癮疾的無能為力臣服,也臣服於生命中所有的痛苦與苦難。學會何時承認「我無法掌控」,然後放手,並對「生命之河」(他這樣稱呼它)有信心,相信它會安全地承載著我們。

安瑪麗告訴我,她不確定我們將來是否會破鏡重圓。寫日誌時我體會到,只有「臣服」才能讓我帶著最少的痛楚繼續前進。我已經盡我所能恢復健康並修復自己,以期與她建立健全的關係,如果這還不夠,我也只能淡然處之。療癒的唯一路徑就是專注在我自己的心靈課題上。

***

一個星期三的早晨,我和梅麗莎通了電話,「記得我們過去常常談到你大樓的地基有裂縫嗎?」 她問。

「是的,我記得。」

「嗯,那棟樓已經被徹底砸碎了,包括地基和其它建於其上的一切,通通都不存在了。恭喜你走到了這一步,現在可以進入下一個階段了。」

「我準備好了,我們走吧。」

「好,」梅麗莎說,「我們要開始登山了。」

此時此刻，我就開始出發「攀登我的山（climbing my mountains）」，又是一個梅麗莎喜歡對晤談對象用的隱喻，這個隱喻也是我和她下一階段一起工作的基礎。

原來，她所說的山是我的「心靈之山」。我們更深入地討論這個隱喻後，我開始明白，我的生命在此之前一直是二維的——我的思想和我的身體。我完全忽略而沒認知到自己的第三個維度——我的心靈。

不了解自己的心靈意味著我並不是真正了解自己，難怪我一直從外界尋求認可和關注。我一直試圖填補我以為存在於內心的某種空洞，但那個空洞根本不是真正的虛空，它是真正的我、我的心靈。我會感覺它是一個虛空，是因為我不知道它的存在。

我學到了如果我認識了那個真實的自己，內心就不會感到空虛，也就不會一直向外尋找東西來填補。當我了悟了我不需要更多的錢、豪華的汽車或女人之後，我就已經朝著這個方向邁出了小小的一步。過著固定作息、節奏簡單的生活，我感到從未有過的快樂和平靜。

從那刻起，我與梅麗莎的諮商進入了一個新的維度，似乎過去的五年就在為此刻奠定基礎——當下這特別的一刻。當我決定不再保守秘密，心牆倒塌的那一刻，梅麗莎才得以觸及我完整的心靈。一有其它會議取消時，梅麗莎就會發簡訊給我，問我要不要諮商，我不會錯過任何可以跟她晤談的機會，因此有時一週之內我們會聊三到四次。

她會指定 YouTube 影片要我看，當中很多影片和人物我聞所未聞，但她希望我花時間觀看他們的節目、聽聽他們要傳達的信息。於是，在我的小公寓裡吃飯時，卡羅琳・米斯（Caroline Myss）告訴我不再抱怨，要對自己的生活負責並成長；釋一行禪師（Thich Nhat Hanh）告訴我要愛自己和地球上的每一個人；布芮尼・布朗（Brené Brown）敘述關於羞恥、脆弱和面對恐懼前進的信息深深地觸動了我；歐普拉（Oprah Winfrey）和她眾多嘉賓的談話強化了我正在學習的新詞彙。

我攀登著心靈之山，但步程緩慢。期間或許會有巨岩擋住去路，克服它們的唯一途徑是爬過一個個黑暗洞穴。我十分害怕那些洞穴裡暗藏的未知，但我相信梅麗莎會幫助我度過難關的。

在一次登山晤談上，她要我回想最早的一個童年記憶。我閉上眼睛，立刻回到我六歲的那個夜晚，我抱著雙膝、害怕的坐在床上，因為聽到媽媽和比爾在走廊爭吵的聲音，我害怕我媽媽真的會開車衝下懸崖。

「現在成年的傑森，今天的傑森，走進房間。」她告訴我。

我看到自己進入我從前的臥房。

「你想對小傑森說什麼？」她問。

「我想告訴他，一切都會沒事的。」

「走過去跟他說。」

我一起和小傑森坐在床上，把他擁入懷中，告訴他一切都會沒事的。他把頭埋在我懷裡，開始啜泣，而我也哭了。

一週後我們又重複了一次同樣的練習，這次我見到了十一歲的小傑森。他現在住在希爾斯波羅（Hillsborough）的新房子裡，他坐在自己房間床上，他的媽媽在她房裡睡覺，眼睛上蓋著毛巾，房內一片漆黑。他的繼父去上班，姊姊不在家。他很難過媽媽總是躺在床上，無法陪他，他很孤獨，他覺得有什麼不對勁，但不明白是什麼。我再次以成年傑森的身份進入房間，在他床邊坐下。

「問他有沒有想說的。」梅麗莎告訴我，我問了。

「我想叫媽媽醒來。」他說，「去告訴她。」我向他建議。

他走進媽媽的房間，叫她起床。他叫了三聲，但媽媽沒有任何反應。他回到自己的房間，又坐回床上。

「我不懂。」他說。

「告訴他媽媽病得很重。」梅麗莎指示說，「這不是他的錯。」

我告訴他了。他點點頭。

「你想幫他做什麼？」梅麗莎問。

「我想帶他出去，走到陽光下。我要帶他離開這個地方。」

「那就帶他出去。」

我把小傑森帶到樓下，幫他穿上夾克，然後一起走到屋外曬太陽。我們在前院玩，先踢足球，然後傳接棒球。玩了一會兒，我問他要不要吃冰淇淋，他說好。我看到我們一起走上街，手牽著手。

「當你一個人的時候，傑森，你從沒真正孤單過，」梅麗莎教我，「你總有小傑森作伴。」

小傑森的出現在接下來的幾週內改變了我的生活。我不再覺得孤單，小傑森總是相伴在側。也許更重要的是，現在我是他的監護人，我在照顧他。我意識到，一生至此，我只在乎自己，照顧小傑森是我做的第一件無私的事。我現在服務著他，我不能茫然也不能迷失，因為小傑森需要我的勇氣和指引，甚而至於，他需要我當他的榜樣。

一天早上我正將這些感想寫入日記時，一個曾有過的體認浮現腦海，震撼之大讓我停下來盯著那一頁看了很久。*我得長大*，我曾經寫過。一年前我曾有相同的體認，然而，這四個字現在對我反而有了全新的意涵與更深層的理解。 從那天起，*準備好長大*成為我療癒過程的驅動力之一。

***

在揭露了我的秘密之後，我對色情片完全斷念，這是我近二十年來最長沒碰色情片的時間。我其他的性衝動也降低了，釋放了原先放在這些事情上的注意力之後，我的生活得以變得更簡單。我閱讀的書籍類型也逐漸從自我成長換到了靈性。有一天，梅麗莎開玩笑地說，「我不再叫你風流痞子了，現在要改叫修行人了」。

我在登山的同時，安瑪麗也在攀登屬於她的山巔。我概略的知道她的所在位置，因為我們倆都允許梅麗莎分享彼此晤談的內容。我們依舊在一週裡有幾天早上會見到面，但談得不多，我們之間的能量已經改變了、距離也拉大了。我們專注於攀登自己的山巔，這是非常個人的課題。與她如此分離難免還是會讓

我害怕，但又覺的這樣才對，感覺更健康了。大約五年前在舊金山時，我們有一次梳理了這份感情，把糾纏的結打開。這一次，我們要梳理的層面更高、更廣、更深入。我知道即使彼此的路徑出現岔路，我跟她都必須走自己該走的路。

寫這篇日記時，我憶起了十二年前婚禮司儀給我們朗頌的一段結婚誓詞，它引自黎巴嫩裔美國詩人作家紀伯倫（Kahlil Gibran）所著的《先知》（The Prophet）一書。這本書包含了二十六個寓言，裡頭的一篇中有一個學生問導師他對婚姻的看法，導師對夫妻相處之道提出以下建言：

> 讓共處留有空間，
>
> 讓天堂的風在你們之間翩翩起舞。
>
> 彼此相愛，但不要套上愛的枷鎖：
>
> 讓愛成為你們靈魂海岸之間自由流動的海水。
>
> 彼此倒酒，但不要單喝同杯酒。
>
> 分享食物，卻非只食同條麵包。
>
> 一起唱歌跳舞，共享喜樂，但讓彼此有獨處的空間，
>
> 就像琵琶的琴弦是獨立的，儘管彈撥著相同的樂章。
>
> 獻出你們的心，但不是交由對方保管，因為只有生命之手才能容納你們的心。
>
> 站在一起但別靠得太近，如同聖殿的柱子是分開的，橡樹和柏樹不在彼此的陰影下生長。

令我印象最深刻的是最後一行傳達的信息：橡樹和柏樹靠得太近就無法生長。安瑪麗和我，我們就是彼此的橡樹和柏樹，我們之間需要有更多的空間，足以讓各自能獨立成長。我們應該把焦點放在自己的成長和療癒上，專注於攀登自己的山巔，而非著眼於維持婚姻或是離婚等問題。如果我們能專注在自己的成長上，我們就能成為茁壯的樹，那麼我們是否在一起就無關緊要了。

時光流逝，我繼續按照 SA 的十二步驟生活著，寫日記、練瑜伽，與小傑森共度更多時光。過去我只是去探望他，現在我帶他走進大自然散步。他漸漸長大，

現在已經是個青年，不再是當初我們相遇時的那個小男孩，我讀了更多靈性書籍、繼續爬山。

與梅麗莎晤談的同時，她拉著我持續朝山頂前進。每一次的晤談，我都努力不要滑落回起點，進程很慢，耗人精力，但我逐漸取得了進展，一步一腳印持續進步著。

在一次可能是我此生印象最深刻的諮商中，梅麗莎說，如果我能夠想像那處於山頂的感覺可能會有所幫助：在山頂上用心感受陽光溫暖著我的臉、大口呼吸著清新空氣，以責任感和誠實正直過著簡單的生活。「誠實正直」不僅僅是不說謊，更是因充分了解自己而對自己坦誠、不違背自己的正直，甚而是把身、心、靈與所有不完整的人格結合，成為一個完整個體而獲得的正直。這樣我才明白所有艱苦的奮鬥和攀爬究竟目的何在。

我坐在公寓的小沙發上，背挺直、雙腳穩穩地踩在地板上、閉上眼睛、抬起頭，我們開始往上攀升。部分是藉由梅麗莎的指引，部分是引導式冥想。我不清楚她是如何辦到的，但到了某個時刻，我看到並感覺到自己飄升到雲層上，我環顧四周，發現身處一個連綿不絕的山脈中，四周一望無際。我的直覺告訴我，每一座山峰都代表著一個人，每個人都有自己要攀登的心靈之山。

這裡空氣清新純淨，我深深地吸了一口氣。陽光灑在我的皮膚上，突然間我的身體被一種無法言喻的溫暖所籠罩。接著，我發現我以為的太陽並不是太陽，而是天空中的一道亮光。我被這光所吸引，在我專注於它的同時，祥和的感受注入我的身體。這是一種我從未有過的感受，這感受無法用言語形容，只能說是一份究竟的圓滿。在此，我什麼都不需要，此處即是一切，眼淚順著我的雙頰潸潸流下。我意識到梅麗莎在過去的幾分鐘內幾乎沒有說話，我正進行著自己的旅程。

「你感覺如何？」她最終輕聲問道。

「我無法描述，我覺得很完美，一切都如此完美。」

我沐浴在光裡，沈浸在當下的感受。我們又靜默了幾分鐘。

「歡迎來到彼岸。」她說。

***

又一個月過去，初夏降臨，帶來溫暖的陽光和更長的白晝。我的早晨儀式依舊，保持原有強度。在梅麗莎的幫助下，梅麗莎幫助我積極尋找山裡的每一個黑暗洞穴，然後克服它們。我們的晤談如此赤裸，經常讓我痛哭流涕。她也幫助我拿起鏡子、仔細端詳自己，不管是我喜歡的還是不喜歡的部分。若真要改變，唯一方法是檢視自己不喜歡的部分，不，是「厭惡」的那一部分，然後接受它。我對所厭惡的自己必須投之以惻隱之心，然後再擴及全部的自己。我需要完全的愛自己，唯有如此，我才能準備好與安瑪麗（或是任何人）建立相愛的關係。

在 SA 聚會上，我更樂於分享自己的故事以及對療癒的想法了。我漸漸愛上團體裡的人並且信任他們，也感受到愛、接納和理解的回報。當我達到更多的清醒日數時我會慶祝，但不再覺得驕傲。每達到一個新的里程碑都是在提醒我，想要前進到下個里程碑我就必須保持謙虛，繼續過著正直、簡單的生活。

我依然每週有幾個早上會見到安瑪麗。我們最近的互動，雖然簡短，卻更加熱絡。一天早上送瑪雅去學校後，我路過她的果汁店，問她和瑪雅是否願意過來吃晚餐，她接受了邀請。開車回公寓的途中，我仰望著和煦的天空，感覺人生首次享受到早晨陽光的呵護。我的內心有了轉變，我用不一樣的眼光看世界，我不再是那個撒謊、欺騙、行徑猥瑣的人，我不再上色情和約會網站，甚至策劃偷腥。我簡單、有紀律、正直地活著。

我天明即起，日出日落，所做的一切都是為了滋養我自己，滋養我的靈魂。晚上我安然入睡、安穩深眠。偶爾我還是得和自慰的衝動來場拔河，但不會再把這種時刻視為失敗，它們只是我登山過程的一部分，也提供了與梅麗莎更深入晤談的的線索。

關於我的生命故事我不只對自己坦誠，對其他人亦是如此。過沒多久，我跟幾位我合作密切的年輕男執行長分享我的經歷和故事，希望作為他們的警惕。我為他們點亮了一盞燈，而他們覺得我的故事太不可思議了。每次我分享我的故事時，我都誠心擁抱我的過去、抱持承認但不評判的態度，從中我獲得了更多

的力量。

如今我的生活過的簡單許多，也更透明、坦誠、平靜。邀請安瑪麗共度晚餐的那天早上，我看見我即將成為的模樣和即將展開的新生活，只要我能保持謙虛，不斷攀登的話。

這感覺，真棒！

***

跟安瑪麗和瑪雅共進晚餐的時候到了，我在門口迎接他們。瑪雅穿著花裙子，一見到我就興奮地把一個白色的盒子塞到我手裡。

「我們帶了餅乾來當甜點！」她大聲宣布著。我把她抱入懷裡，然後抬頭看著安瑪麗，她回給我一個溫暖的微笑。

我們都為了這個特別的場合盛裝打扮了一番，感覺就像一個小型的家族團聚。

瑪雅衝進公寓，立即發現了通往閣樓臥室的樓梯。她爬到一半，轉身審視這個小空間，「爸爸，這就是你做大案子的地方嗎？」她問。我不確定該如何回應，看了看安瑪麗，她點了點頭。

「是的，」我注視著安瑪麗，「這個案子很大，我認為成果會非常好。」安瑪麗和我都笑了。

晚餐的每一個細節都經過精心安排，我相信這是一次完美的餐聚。儘管發生的一切、幾個月來也沒說多少話，不過今晚的聚會對我和安瑪麗還算自然。我們的心靈都更健康了，彼此少了盤算，不再相互糾結，我們之間的能量更加清澈、自在、輕鬆。

之後我們見面更頻繁了。我三不五時會去果汁店只是和她打個招呼，然後一起喝咖啡、吃午飯。她分享經過這幾個月的深入反省後，對自己以及我們之間的關係有了深刻的認知與了解。她也非常清楚自己必須做出抉擇，而她也已準備

好為自己設定一個更健康的願景。

她的期望很清楚：如果我稍有一刻停止攀登，她就會要求離婚。她看見也聽得出（透過梅麗莎），我在相對短的時間之內所做的改變。她願意對過往事件中所扮演的角色負責，而非全然將其歸咎於我。然而傷口猶新，她還需要時間重建對我的信任，她甚至不確定是否會有那麼一天。我能理解。我心知肚明，將來她是否信任我，信任多少都非我能控制，我可以掌控的是自己有多努力的攀登我的心靈山峰，這是我唯一該關注的事情。

***

連續幾年的夏天，去觀光牧場度假成為我們家的一個小傳統。那家牧場人氣很旺，在六個月前就必須先預付訂金，因此這場劫難開始後，已經來不及取消行程了。今年，安瑪麗沒有興趣延續這個傳統。如果要度假，她只想一個人去其它地方。過去幾個月我一個人生活，幾乎百分之百的時間和精力都投注在個人成長和療癒上，可是安瑪麗並沒有這種餘裕，她在照顧瑪雅的同時也花心血在建立她的事業。

我能理解她需要時間單獨休息、滋養自己、梳理感受並思考往後人生的方向，於是我們各自安排今年的夏日旅行。安瑪麗在登機口向我和瑪雅揮手告別，隨後她起飛前往洛杉磯附近的靜修中心。

我和瑪雅在牧場度過了一段親密美好的時光，尤其是有長達四個月的時間我沒有太多機會見到她。此外，現在的我，是一個全新的人，全心全意投入在陪她的當下。牧場裡沒有電信服務，安瑪麗在靜修中心也不使用手機，因此那整個禮拜我們完全沒有聯絡。

似乎冥冥中有所安排，我和瑪雅剛回到鹽湖城就收到公寓房東發來的簡訊：我樓上住戶的水管爆裂了，造成我的寓所嚴重損壞，我得搬出去。他們一時找不到空置的公寓安置我們，如果我需要找旅館房間，他們會幫我償付相關費用。安瑪麗明天才會回來帕克市，我想她應該不會介意我在家裡過一夜。瑪雅和我

直奔我的公寓檢查損壞的情況、搶救重要物品、打包接下來幾天要用的東西。

第二天下午，瑪雅和我開車去機場接安瑪麗。停好車要走去行李領取處時，我的胃翻攪得很不舒服。安瑪麗和我有一個星期沒說到話了，幾個月來除了幾次喝咖啡和午餐外也並沒有太多交談。在行李領取處等候時，感覺像是大學時在教室外等她下課一樣興奮期待的心情，我迫不及待想見到她。

她從自動手扶梯下來，我們目光相接。瑪雅興奮地跳上跳下，我們相視而笑。安瑪麗看起來容光煥發，陽光撒下、輕柔地吻著她的肌膚。我們擁抱了許久，沒多說什麼，那感受遠超過言語所能形容。

開車回家的途中我們緊握著彼此的手，瑪雅在後座安靜地打盹。我與她分享在牧場發生的事，她也告訴我她在靜修中心度過了美好的一週。

「哦，還有一件事，」車行近帕克城時，我提到，「昨晚我公寓樓上的水管破裂，我房間淹水了。昨晚我睡在家裡一樓的臥室，今天能再住一晚嗎？我的房東正在安排我明天可以搬進去的臨時住處。」

安瑪麗沉默了一會兒，「好，當然，」她最後說，「歡迎來過夜。」我看著她，她對我微笑、握緊了我的手。

那天晚上，給瑪雅洗完澡哄她上床睡覺後，我們坐下來聊了幾個小時。我們聊了更多度假的細節，分享過去幾個月學習到的洞見和體會。表面上看來，我們仍是同樣的兩個人，但在內心深處，我們正在改變——已有改變——成為兩個全新的人。如果我們從此同步向前邁進，那我們將會開展一個全新的關係、一個新的婚姻關係。 第二天早上，她邀請我搬回家裡。

***

那天，把瑪雅送到學校後，我回公寓打包東西。屋裡被水淹得一塌糊塗，修繕人員已經把大部分物品堆放在客廳裡，我就分趟搬到車裡。最後一次走過公寓走廊時，感覺到告別的哀傷隱隱悸動著。我會想念這個地方的，這裡是我的避

風港、我的避難所、我的繭，它很小但很安全，我非常感謝它帶給我的一切。在牆堵之內，僅有簡單的例行儀式和智師的引導。我改變了、切斷了把我束縛在分心和欺騙的舊生活中的枷鎖。我探索內心，直至靈魂深處，開始將身、心、靈統整成一個一致的個體。

我進房做最後一次檢查，進浴室看看櫥櫃裡是否遺留著物品。關上最後一個矮櫃後，我站了起來，見著了鏡子裡的形體。我站直身子，看著鏡子裡的自己。曾有好長一段時間，我無法面對明鏡，現在我可以了。

我與鏡中人對視，直到看見了自己。我看起來和四個月前不一樣，很放鬆、平靜。剛到這裡時，我迷失了，狼狽逃竄、惶恐不安。我從劇烈的情緒風暴中倖存了，我爬出幽暗深谷，終於重見天日。如今我更加睿智、更加成熟。我看著鏡中人，看到的不再是一個恐懼的男孩，而是一個男人，一個不再逃避感情、不再躲藏的男人。這男人，對自己的行為負責，他準備好要當一個丈夫、一個父親。我看著自己，看見一個誠信正直的人，我對著鏡子裡的男人微笑，他是我的朋友，我喜歡他……不對，我愛他。我關了燈、鎖上門，他和我要出發攻上頂峰了。

完

後記

「對我來說，寫作是與這世界的互惠行為，透過寫作我得以回報我所得到的一切。」

– 羅賓・沃爾・基默爾 《編織聖草》

Robin Wall Kimmer, Braiding Sweetgrass

2022 年 2 月

接到那通如警醒鐘般的電話至今已過七年了，期間發生了好多事。

安瑪麗和我還是夫妻，感情比以往更親密，我們之間的關係更深也更充實。2017 年的夏天，我讀了一本書，書名是《新靈魂觀》（The Seat of the Soul）。作者蓋瑞・祖卡夫（Gary Zukav）提到，現代婚姻要成功的秘訣就是要我們成為彼此的心靈夥伴，而雙方都必須願意承諾：1）持續不斷地參與心靈成長過程；2）支持對方的心靈成長。我完全同意他的看法。

由於共同決心要提升自己，安瑪麗和我在這段關係裡也不斷蛻變。我們持續成為嶄新的人，而我們的夥伴關係也不斷進化。我們把每一天都視為新生命的開始，如此也為我們所珍視的關係注入了豐沛的活力。

我搬回家和安瑪麗與瑪雅同住不久後，我們的夢想之屋就完工了。隔年，我們家增添了新成員——兒子麥洛（Milo）出生了。新房子和新家庭成員帶給我們全新的開始——一個新基礎。新家的採光明亮，有很多窗戶，反映了我們竭力「活在光中」的這個目標。

為了支持這個目標，安瑪麗和我戮力簡化生活。我們一起撫養兩位很棒的孩子，我們以他們感到無比驕傲。我們認真扮演兒育女的角色，並深信身為父母，我們的責任就是儘可能引導兒女在這世界裡擁抱光明。這不單是一項全職

的責任，也是首要的職責。

我們倆與梅麗莎的諮商也持續著，她依然是我們生命中一顆閃耀的星宿。她是如此非凡卓越，我認為她輔導的效果如此卓著，源於她從未停止攀登獨屬於自己的心靈山峰，她的活力和強度也都超過她所有的晤談對象，因此可以將我們遠拋在後。

現代人的生活如此繁複，我認為每個人都應該要有一位可以坦誠相待、毫無保留的交談對象。這個人可以是位人生教練，諮商師、教練或導師，稱呼並不重要，重點是要有這麼一位可以讓你暢所欲言的人。這個人不是你的配偶、父母或朋友。不像其他人，他有辦法讓你有擔當、願意承擔自己行為所造成的後果。這個人會在愛你的基礎上指正你、點破你胡謅的藉口；這人敢對你說真話，也不擔心被你否決（我們的朋友和家人幾乎都是如此）。我認為，這個人最重要的特質是他也專注於自己的自我成長。如果感覺到這個人表現出來態度是他已爬上最高峰了，那就可以考慮是否由這個人來擔任這樣的一個角色。

我知道自己打從出生到現在的生活條件都算優沃，也明白不是每個人都負擔得起隨時撥電話找人生教練聊天，但我希望，我如此毫不保留地分享我的故事，透過這本書和後續的對話，我能替梅麗莎的知識「開源」，讓更多的人也能從她身上學到智慧。

＊＊＊

我把秘密公開之後，我還是花了好多年才能面對深藏在心裡的內疚和羞愧。2018 年的春天我讀了約翰‧布拉德肖（John Bradshaw）寫的《療癒束縛您的羞恥》（Healing the Shame That Binds You）。當時這本書對我來說十分重要，因為這本書幫助我認明潛伏在內心的內疚與羞愧，終而可以放下它們。我學會該怎麼接受自己的過去是人生旅程的一部分，同時也該感激它所教我的一切。

我必須清楚的表明，我會分享我的故事並不是要為我的選擇和過去的行為辯

護。我對我所做的一切承擔全部責任，也向被我的不良行為剝削過的女性表達誠摯的歉意。經過多年的反思，我了解到我的經歷塑造了此時能寫下這些文字的我，雖然這成長過程令我感到難以為情，但能走到今天成為至今的我，我很自豪。

我很慶幸我在年紀輕輕時就被抓包，也被迫尋找自己，但我絕沒有肖想認為我的「攀登任務」已經結束了。我曾經有兩年沒想過要看色情片，但某天突然感覺到遠遠的有一種渴望，然後逐漸增強，直到有一天我再次陷入黑洞。還好那時我已知道致命的弱點即是老師，這種現象稱為「礦坑裡的金絲雀」，是一種預警系統，警示我生活中有什麼不對勁了：也許是在抗拒些什麼；也許是不想接受這世界、他人或自己的某些真相。透過反思和誌記、梅麗莎的指導以及與安瑪麗的對話，我的致命弱點反成為我深入探索靈魂的入口，讓我理解它錯綜複雜的面向，最重要的是，去愛並且全然地接受每一個面向。多年來，這種不斷探索和磨練幫助我慢慢拼湊出越來越完整的自己，而致命弱點所散發的能量持續消退著。

***

我在人生旅途上一度沾染了對色情和性的沉迷，但這些只是歷程中的小細節而已。實際上，這關於我自己的痛苦、自我治療和試圖逃避的故事是很普遍的，我們許多人都有類似的故事。

故事裡的痛苦根源於我在童年時被父親拋棄，母親又被憂鬱症纏身的過往。不過，我想明確表明一點：我不認為我成年時的行為是他們的「錯」，或者他們是糟糕的父母。就像我們所有人一樣，他們已經盡力打好手上拿到的牌了。

如今，我對我母親充滿了憐憫之情。當時的她生病了，但是沒有人知道如何幫助她或提供工具讓她幫助她自己。她的憂鬱症是她孩提時的創傷所造成的後遺症。比爾時常怒氣填胸，那也是因為他童年的創傷所引起的。我爸爸和安瑪麗的父母也都有他們各自的童年創傷，他們都不是壞人，只是無助地承載了年幼時的創傷。安瑪麗和我越了解這一點，我們就越想打破這種世襲循環。為達此

一目標，我們倆必須長大成熟、向前邁進，並且願意承擔在我們個人生命中所發生的每一件事。我們也試著為我們的孩子鋪路，創造一個充滿光明、充滿覺察的家庭環境，鼓勵他們承擔更深層的個人責任。

***

「誠信」有兩種定義：

誠實和堅定的道德原則；道德正直。

完整而不分裂的狀態。

多數人關注的是這個詞的第一個定義。經過這一段時間，我對第二個定義的欣賞程度與第一個不相上下，甚至更高。

在我生命中的某些時刻，這兩種特質我都不具備，當時的我並非誠信正直之人。在我的秘密被揭發之後，對自己和其他人誠實，相較之下，比成為一個完整不分裂的人更容易做到。變得誠實只是意味著我不再隱藏秘密；變得完整則是持續深入審視自己的過程，找出破洞和遺缺的碎片，然後填補它們。起初，破洞和碎片就像巨石般明顯，易於識別和處理。把最大的碎片歸位後，要找到較小的碎片就更具挑戰性，填補也變得緩慢而艱苦，需要更多的耐心和毅力，這也就是我目前的攀登狀態。

隨著我變得更完整、更正直，我越來越愛自己，有趣的是，也讓我越來越愛別人和周遭的世界。當我還年輕的時候，我把自己視為獨立的個體，需要獲取財富、權力和外界的讚美認同才能立足於世，感到安全。現在，我的安全感發於內心，而自我認可來自於更深入且完整地認識自己。即使有人企圖想奪走我想要的東西，或被我被當作是生存遊戲中的棋子，我也不再視為他們為威脅。在我的眼裏，他們不外乎就是希望能在這世界上找到出路的人，就像我一樣，我

們都一樣。我們是兄弟姐妹，都在同一條船上。

現在的我，不再是一個凡事都需要向外界索求的個體，反而我把自己看成是社會群體意識中的一小分子，當我們與彼此分享，我們會一起成長茁壯。我不再只會想從人世中拾取，我想要給予並服務他人。我把創作這本書視為自己第一項重大的服務作為。

我們不必獨自搞懂所有的問題。我們該做的是分享自己的經歷，從中彼此學習。我希望透過分享我的故事，其他年輕人因而可以避掉一些我曾落入的陷阱。我也希望，對於任何感到被困在黑暗中的人，我的故事能成為一座燈塔，讓你看到改變的希望。你一定能重新找到光明的！

***

我們往往避開談論自己的秘密或是坦誠地面對它們，正因為我們會自我批評或是害怕被別人說三道四。諷刺的是，隱藏秘密會讓我們不斷生病，更糟糕的是，我們為了掩蓋真相所做出的行為，往往帶給自己和他人更多的痛苦。

是梅麗莎的愛、不評判的態度，以及她對我行為的好奇心鼓勵我敞開心門。她和安瑪莉都願意為我留守一個毫無批判又客觀的空間，她們知道我的那些經歷都是我靈魂旅程必走的一段路，而我需要空間和時間來理解這些教訓與課題是什麼，然後從中學習。要打開我的成長之門，我就必須先敞開心靈、實話實說，因而療癒才能真正的開始。當傷口開始癒合，我不再傷害自己；一旦我不再傷害自己，我也就不再傷害別人了。

我想說的還有很多，但也許以上這些對首次見面的我們已經足夠了。感謝你閱讀這本書！祝你旅途愉快！不要害怕說出你的秘密。最重要的是，不要停止攀登！

致謝

撰寫這本書是我做過的最困難的事,也是最有價值的事。

致安瑪麗:我的愛人,我的摯友。妳總能以提升我的方式回答我任何問題,要我達標成為妳應得的伴侶的這份堅持,為我在最艱難的攀登階段指引了方向。感謝你為我保有空間!感謝你照顧孩子、擱置生活讓我有時間撰寫我的故事!感謝妳在我擔心將無法完成這本書時給我支持的隻字片語!感謝妳閱讀整本書的初稿,給出真誠的回饋!這本書共屬於妳和我。

致瑪雅:我的女兒,我的朋友。在兩個非常重要的十字路口,妳扶持了媽媽和我。想要成為妳的好父親的意念帶給了我改變的勇氣。我全心全意地愛你!我非常感謝妳!

致麥洛:我的兒子,我的好哥兒們。感謝你讓時間放慢了,拉住我更深入當下,讓我的生活擁有前所未有的豐富和意義。我深愛著你!

致梅麗莎:人生教練,精神嚮導,先知,知者。我的生命是妳賜予的。當我迷失和孤獨時,妳讓我沉浸在愛中,為我指明了道路。妳為我所做的一切,任何言語都無以表達我靈魂深處對妳的感激。

致史蒂芬妮:妳是最好的商業夥伴。感謝妳堅守堡壘,承擔起所有的事情,讓我可以集中精力創作這本書。

致沙姆:北大西洋彼岸的兄弟,你的鼓勵讓我最終有了開始寫作的推動力。謝謝你相信我!

致我的父母卡洛琳 (Carolyn)、比爾 (Bill)和諾曼 (Norman):感謝你們照顧我,也讓我有機會和經驗開始探索這世界。我非常愛你們!

致史蒂夫和凱茜:如果沒有你們的愛和支持,這本書就不會問世。感謝你照顧

我們的家人，讓我可以靜下心來寫作。

致麗莎：我的書記、編輯，如今也是我的朋友。謝謝妳教我這麼多關於寫作的技巧！最重要的是，感謝妳推著我不斷地走出舒適圈！

特別感謝我所有的測試版讀者：Jenny、Tara、Rich、Brad、Daniel、Sham 和 Anne Marie。如果沒有你們思緒縝密的見解，這本書僅有半壁之美。感謝你們為此專案付出的時間、關注和奉獻！

謝謝妳，妮可！妳為這本書創作了美麗的封面。我很高興和你合作！

最後，也同等重要的是，大大地感謝我在 Scribe 的出色團隊，尤其是 Mikey 和 Katie ！感謝你們幫助我保持專注，不讓我把自己帶入迷途！你們的專業無敵！

特別致謝中文團隊

我向這本書的中文翻譯團隊獻上我誠摯的謝意！

致 Jenny：我的台灣姐姐！謝謝你深信我的故事能啟發他人，也感謝你在這過程中成為我最可靠的導師和引導者。我非常期待將來能與妳有更多令人振奮的探索。

致鄭博仁： Matt, 大大感謝你為中文版寫的推薦序。希望透過你我的力量，我們可以一起為更多的中文讀者發掘自己的潛能，鼓勵他們更愛惜自己。

致 Adam Najberg: 謝謝你的指導以及協助我更知道如何打從心裡說出自己的故事。

致我的編譯團：陳識仁、Ray 和依楣。謝謝你們每一位對這份作品所付出的心力與勞力！也謝謝你們把故事裡微妙的細節翻譯得如此準確、忠於原文。

致芷菱：感謝你為這本書設計了如此動人又充滿藝術感的封面，跟你一起共事真的是一件開心的事！

致天母中山北路上的 Cama 夥伴們： 非常謝謝你們提供了 Jenny 和陳識仁一個能寫作、翻譯和暢談這本書的空間，更謝謝你們當這本書的試讀者！

致 Jeanie: 謝謝你協助我潤飾、出版並發行這本書。

關於作者

企業家、創投資本家和作家

傑森·波特諾以在 PayPal 開始他的職業生涯，並與彼得·泰爾（Peter Thiel）、伊隆·馬斯克（Elon Musk）、馬克斯·列夫琴（Max Levchin）和里德·霍夫曼（Reid Hoffman）等科技界重要人士密切共事。他曾擔任 Palantir Technologies（紐約證券交易所代碼：PLTR）首任財務長，之後創立創業投資公司 Oakhouse Partners，投資績效斐然。

傑森是深受科技公司執行長信賴的商業顧問，並就高階領導力、科技與人性的交匯點等題目發表演講。他擁有史丹福大學工程碩士和科羅拉多大學工程學士學位，目前與妻子、兩個孩子和家犬同住在猶他州帕克市。

欲了解更多資訊或聯繫傑森，請造訪網站 www.jasonportnoy.com。

國家圖書館出版品預行編目(CIP)資料

走出慾望矽谷：新創浪子救贖自白/傑森‧波特諾以(Jason Portnoy)作；陳識仁譯. ‒‒ 一版. ‒‒ 臺北市：速熊文化有限公司, 2024.01
　　　196 面 ；　14.8 x 21 公分
譯自：Silicon Valley porn star：a memoir of redemption and rediscovering self
ISBN 978-626-97719-4-3(平裝)

1.CST: 自傳 2.CST: 自我實現

785.28　　　　　　　　　　　　　　　　　112021210

走出慾望矽谷：新創浪子救贖自白

作者：Jason Portnoy 傑森‧波特諾以
譯者：陳識仁
出版者：速熊文化有限公司
地址：臺灣臺北市中正區忠孝東路一段 49 巷 17 號 3 樓
電話：(02)3393-2500
出版日期：2024年1月
版次：一版
定價：台幣 480 / 港幣 129
ISBN：978-626-97719-4-3
港澳總經銷: 泛華發行代理有限公司
香港新界將軍澳工業邨駿昌街七號星島新聞集團大廈
電話：(+852) 2798 2220
台灣代理經銷：白象文化事業有限公司
401 台中市東區和平街 228 巷 44 號
電話：(+886) (04)2220-8589　　　傳真：(+886) (04)2220-8505

法律顧問：誠驊法律事務所　馮如華律師
著作權管理資訊：如欲利用本書全部或部分內容者，須徵求著作產權人同意或書面授權，請逕洽速熊文化有限公司